북
행
北
行

북행

허성관 지음

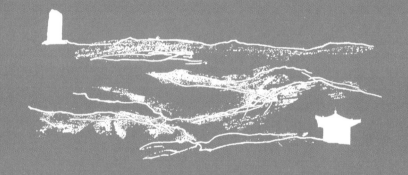

허성관의 인문역사기행,
요동에서 삼강평원까지

안문서원

일러두기

- 중국 인명과 지명은 의미를 더 명확하게 전달하기 위해 한자음 그대로 표기했다.
- 전집, 단행본, 정기간행물은 『 』로, 논문, 사서 속의 기사, 문학 및 미술, 음악 작품명은 「 」로 표기했다.

시작하며

주제가 있는 여행의 즐거움

내 고향은 해발 300미터쯤 되는 궁벽한 산골이다. 마을 앞 적석산이 497미터, 뒷산 깃대봉이 530미터로 높다. 논과 밭은 모두 계단식인 다랑이다. 오죽하면 적석산에 오른 사람이 '저 마을에는 누가 살까? 무엇을 해서 먹고살까?'라는 호기심 어린 글을 블로그에 남길 정도로 두메산골이다. 산길을 오르내리면서 10리 길을 걸어 초등학교에 다녔다. 4학년 때 도청 소재지 학교로 전학했는데 대도시로 이사했지만, 이상하게도 특별한 느낌이 없었다.

1960년대에 고등학교와 대학을 다녔지만, 고등학교 경주 수학여행 외에는 여행한 기억이 없다. 고등학교 지리 선생님께서 티베트와 비단길 이야기를 들려주실 때 훗날 꼭 돌아보리라고 다짐한 적은 있었다. 당시 그 지역은 공산주의 치하여서 물론 실현 불가능한 다짐이었다. 1970년대 생업 전선에서 분주한 가운데 해외 출장으로 일본, 미국, 이탈리아, 벨기에, 프랑스를 다녀왔다. 그러나 워낙 빠듯한 일정인 데다 가난한 나라 국민으로 여유도 없어 시간을 내어 출장지 주변을 둘러볼 마음조차 먹지 못했다.

1980년대를 필자는 미국에서 보냈다. 대학원을 다니고 이어 교수를 지냈다. 대학원 공부와 교수 생활이 만만치 않아 가족이 캠핑으로 하루 이틀 보내는 것이 여행의 전부였다. 유일한 예외는 뉴욕에 살면서 플로리다 데이토나 해변에 친구 가족과 다녀온 경우다. 이 여행에서 아이들과 함께 디즈니월드를 관람했다. 1988년 귀국하는 길에 간신히 시간을 내서 가족과 하와이에서 며칠 보냈다.

1988년부터 2002년까지 한국 대학에 교수로 재직하면서 1999년 안식년을 맞아 모교 뉴욕주립대(State University of New York at Buffalo) 방문 교수로 1년 동안 강의하던 중에 짬을 내어 지인과 함께 미국 동부 명문 대학들을 둘러보았다. 프린스턴, 컬럼비아, 뉴욕, 예일, 하버드, MIT, 코넬 대학이었다. 왜 명문인지 겉으로나마 알고 싶어서였다. 살면서 처음으로 주제가 있는 사적인 여행이었다. 대학교수면 반드시 둘러봐야 할 가치 있는 여행지였다.

2003년부터 2년 동안 뜻하지 않게 참여정부에서 해양수산부와 행정자치부 장관으로 봉직했다. 이 기간에 4차례 해외 출장을 다녀왔다. 프랑스, 벨기에, 영국, 이라크, 이집트, 수단, 남아프리카공화국, 두바이, 오스트레일리아였다. 퇴임 후 광주과학기술원 총장으로 2년 근무하는 동안 일본, 미국, 러시아도 다녀왔다. 모두 공무 출장으로 임무에 충실할 수밖에 없었기에 일반적으로 생각하는 느긋한 여행은 아니었다.

2007년 광주과학기술원 총장을 끝으로 필자는 사실상 은퇴했다. 은퇴 후 평소에 공부하던 회계학 외에 관심이 많았던 역사 관련 책을 많이 읽었다. 의문이 가는 내용이 있어서 한문으로 쓰인 1차 사료를 확인하기 위해 한문도 틈틈이 공부했다. 재미가 있었다. 역사학이 전공은 아니지만, 재미가 있으니 은퇴 후 공부로는 좋은 주제였다. 그러던 중 한가람역사문화연구소에서 중국에 가는 역사 답사에 같이하자는 권유가 와서 2013년에 처음으로 동행했다. 북경에서 산서성 대동과 태원을 거쳐 태항산맥을 따라 남하하여 하남성 안양까지 가는 일정이었다. 감동의 연속이었다. 중원을 통일하여 5호 16국 시대를 마감한 북방 민족 선비족의 자취, 태항산맥 한가운데서 순국한 독립군 묘소, 동이족 은나라 중심지 은허를 주제로 답사한 여행이었다. 처음으로 재미있는 여행이었다. 그야말로 견문을 넓힌 여행이었다.

이후 2018년까지 매년 9박 10일 일정으로 중국을 답사했다. 북만주, 동간도와 서간도, 산동성, 내몽고자치구, 감숙성, 청해성, 요녕성, 하북성, 하남성, 요동반도 등을 답사했다. 이 중에서 감숙성은 난주에서 돈황까지로 비단길 일부이고, 청해성은 티베트로 가는 길이니, 고등학교 지리 선생님께서 소년 시절에 일깨워주신 호기심을 50년이 지나 부분적이나마 실현한 셈이다.

끝을 알 수 없는 대평원, 장엄한 산하, 생면부지의 다정한 사람들과 마주하는 것은 여행에서 얻을 수 있는 새로운 경험일 것이다. 그러나 주제를 정해 역사 현장을 발과 눈으로 확인하는 답사는 청춘을 되살리는 즐거운 여행이었다. 책을 통해 역사적 근거를 찾고 현장을 확인하는 것은 역사의 진실을 알 수 있는 좋은 방법임이 확실하다. 이 책에서는 우리 역사와 직접 관련된 답사 지역만을 실었다. 길림성, 흑룡강성, 요녕성, 내몽고자치구, 하북성, 하남성, 산동성 등이다. 이 지역들을 답사하고자 하는 분들에게 참고 자료가 될 수 있으면 하는 바람이다.

여행을 떠날 때마다 몸조심하라고 걱정하면서도 노익장이라고 격려해준 아내에게 진심으로 고마움을 전한다.

차례

1부

북만주,
호륜패이초원을
가다

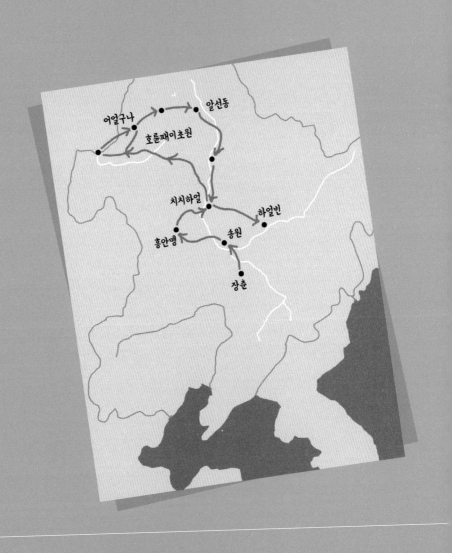

북만주 답사 경로

2014년 7월 25일(금)부터 8월 3일(일)까지 9박 10일의 일정이다. 버스 타는 거리가 대략 3,500킬로미터, 답사 참가자는 23인이다. 만주 길림성 장춘에서 시작해서 서북쪽으로 송원(松原), 백성(白城)을 거쳐 대흥안령산맥 초입 오란호특(烏蘭浩特)으로 먼저 간다. 이어 흑룡강성 제2의 도시인 치치하얼(齊齊哈爾)을 지나 호륜패이(呼倫貝爾)초원을 가로질러 애국지사들이 가슴 졸이던 중국과 소련 국경도시 만주리(滿洲里)까지 간다.

　여기서 약간 남서쪽으로 끝이 보이지 않는 초원과 구릉을 지나고, 이어 근하(根河)를 따라 대삼림지대를 통과하여 악륜춘족 자치현 아리하(阿里河)에 있는 부여, 선비, 거란, 몽골, 여진 등 북방민족 발원지인 알선(嘎仙)동굴을 답사한다. 고원 분지에 세워진 아름다운 조그마한 도시 자거다치(加格達奇)에도 들를 예정이다.

　자거다치부터 대흥안령산맥 남쪽 기슭이다. 계속 남쪽으로 눈강현(嫩江縣)과 부유(富裕)를 거쳐 다시 치치하얼을 지나고 흑룡강성 중심지 하얼빈으로 간다. 여기서 흑룡강성 박물관과 안중근의사 기념관을 살펴보고 귀국 비행기에 오를 것이다.

우리 조상들의 나라인 부여, 고구려, 발해의 자취와 중원을 지배했던 우리 형제 민족인 북방 민족의 흔적을 찾아보고, 만주에서 스러져간 애국지사들의 혼을 조금이라도 느끼는 것이 이번 답사의 목적이다.

1
송눈평원을 아십니까?

　인천공항에서 예정보다 1시간 늦게 비행기가 이륙했다. 이 비행기는 산동반도와 요동반도 사이를 통과하여 발해만을 지나 장춘으로 간다. 일찍 인천공항을 출발한 탓에 잠깐 눈을 붙인 후 창 아래를 내려다보니 비행기는 어느새 요동반도 서쪽 끝자락 상공을 날고 있다. 저 아래 어딘가에 있는 여순감옥에서 안중근(安重根, 1879-1910) 의사, 단재(丹齋) 신채호(申采浩, 1880-1936), 우당(友堂) 이회영(李會榮, 1867-1932) 선생이 조국과 민족에 헌신하시다 순국하셨다.

　광복 70년이 지난 대한민국에 안중근 의사가 이토 히로부미(伊藤博文)를 암살한 테러리스트라고 공공연히 떠드는 얼빠진 학자도 있다. 그러나 안 의사 당신께서 갈파하셨듯이 대한독립군으로 적의 수괴를 사살한 것이다. 신채호 선생은 한 손에 붓을, 다른 한 손에는 총을 들고 독립투쟁에 매진하신 분이다. 독립전쟁은 바로 역사 전쟁임을 온몸으로 실천하셨다. 이회영 선생은 오늘날 가치로 수조 원이 넘는 6형제의 전 재산을 독립투쟁에 바쳤고, 석주(石洲) 이상룡(李相龍, 1858-1932) 선생 등과 함께 만주에 신흥무관학교를 세워 3,500여 명의 독립군 간부를 양성했다. 이들은 대일항쟁기 독립전쟁의 기둥이 되었다. 만주로 망명했던 이회영 선생 6형제 중에서 이시영(초대 부통령) 선생만 살아서 광복 후에 귀국했다. 비록 하늘길을 지나지만 어찌 무심할 수 있겠는가!

비행기는 정확하게 1시간 30분 후에 장춘(長春) 용가공항에 착륙했다. 도시 규모에 비해 공항 건물이 허술하다. 장춘은 길림성 성도로, 인구가 700만 명이 넘는 대도시다. 남북이 통일되어 승용차로 간다면 서울에서 신의주까지 400킬로미터, 신의주에서 심양까지 300킬로미터, 심양에서 장춘까지 400킬로미터, 대략 1,100킬로미터를 달려야 한다. 그렇게 먼 거리는 아닐 것이다.

장춘은 일제가 만주사변을 일으킨 후 세운 괴뢰국 만주국 수도였고 그때는 이름이 신경(新京)이었다. 악명 높은 관동군 사령부

좌로부터 안중근 의사, 단재 신채호 선생, 우당 이회영 선생

도 여기에 있었다. 독립군을 잡기 위해 혈안이었던 친일민족반역 자들로 구성된 간도특설대도 여기에 본부가 있었을 것이다. 간도 특설대 출신들이 광복 후 사실상 대한민국 국군을 장악했다. 대 일항쟁기에 장춘은 일본 소유 남만주철도와 러시아 소유 동청철 도가 교차하는 교통 요지였다. 지금 중국에서 빠르게 성장하는 도시다.

대기하고 있던 버스를 타고 첫날 목적지인 송원(松原)을 향해 출발했다. 송원시는 장춘에서 200킬로미터 서북쪽에 있다. 가는 길은 잘 손질된 고속도로다. 장춘시를 벗어나자 끝이 보이지 않 는 평원이다. 아! 이곳이 바로 평원이구나. 이 평원의 동서남북 끝 은 어디일까? 지도상으로는 남쪽은 하얼빈시 동남을 가로지르는 장광재령, 동쪽은 소흥안령산맥, 북으로는 대흥안령산맥일 것이 다. 최소한 남북한을 합친 면적보다 넓은 대평원이다. 이 평원 이 름이 송눈평원(松嫩平原)이다. 이 평원 젖줄인 송화강(松花江)과 눈 강(嫩江)에서 한 자씩 따서 지은 이름이다. 이곳이 바로 상고시대 우리 조상들이 말달리던 들판이 아니겠는가! 송눈평원, 처음 듣 고 처음 보았다.

옥수수가 평원을 꽉 채우고 있다. 드문드문 버드나무 숲으로 평원이 구분되어 있는 듯하다. 도로 양쪽에는 가로수로 폭 50미 터 정도 버드나무 숲이 조성되어 있고 숲속에는 여기저기 양들이 풀을 뜯고 있다. 숲속 풀밭은 손질이 잘된 잔디밭과 비슷하다. 양 들이 차근차근 풀을 뜯어 먹은 탓이다. 방목도 계획적임을 알 수 있다. 농업과 목축을 겸하는 것이 이 지역 사람들의 생업인가 보다. 평원이라 고속도로는 계속 직선이다. 우리나라에서는 길이 꾸불꾸불해서 제동장치를 밟으면 저절로 풀리는 자동차 정속주행장치가 소용이 없으나 이곳에서는 아주 유용할 것이다.

농안(農安)이라는 표지판이 나타난다. 농안, 어디서 들어본 이름이 아닌가? 소년 시절에 국사에서 배운 우리 옛 나라 부여의 중심지가 아닌가! 내 머릿속에서 전설이 된 농안이 바로 여기 농안이다. 농안이 부여의 일부이기는 하지만 부여 중심지는 아니라고 길림대학에서 공부한 임찬경 박사가 설명한다. 더 북쪽으로 답사할 것이므로 알게 되겠지만 부여 중심지는 훨씬 더 북쪽이고 오히려 농안은 부여 남쪽 경계일 가능성이 크다는 설명이다. 농안이 중심지라면 관련된 유물이 출토되어야 하는데 아직은 아니라고 한다.

장춘에서 170여 킬로미터를 달려 홍석립자유지(紅石砬子遺趾)에 도착했다. 바로 송화강에 댐을 막은 곳이다. 서기전 50세기까지 거슬러 올라가는 신석기부터 청동기 시대 유적이라고 임찬경 박사가 설명한다. 중국 학계는 부여 유적으로 인식하고 있다고 한다. 중국 학자들이 여기가 부여라고 알고 있는 것이다. 놀라운 일이다. 야트막한 언덕 입구에 합달산(哈達山) 유적지라고 붉은 돌에 새겨놓았으나 정작 유적지는 전혀 보존되어 있지 않다. 이곳을 답사한 적이 있는 임찬경 박사는 전과는 많이 달라졌는데 아마도 송화강 댐 공사를 하면서 유적지 옆으로 물길을 크게 내어 유적지를 훼손하고 방치한 결과로 보인다고 한다.

날씨가 흐려 송화강 대안이 뚜렷하게 보이지는 않으나 강폭은 짐작하기조차 어렵게 넓다. 우리 고대사에 속말수, 송아리강 등의 이름으로 등장하는 송화강은 백두산에서 발원하여 이곳까지 무려 600킬로미터 이상 평원을 품고 흐르는 강이다. 댐 밖으로 여러 갈래 널찍한 수로가 나 있다. 드문드문 농촌 마을이 보이고 조금 지나자 논이 보이기 시작한다. 이어 평원에서 물길이 닿는 곳은 모두 볏논이다. 장관이다. 우리 김제와 익산 들이 넓다 하나 여기에 비하면 그야말로 조족지혈이다.

만주 벼농사에는 우리 부여족의 피와 눈물이 서려 있다. 광해군(재위 1608-1623) 때 만주족 후금(뒤에 청나라)과 명나라의 전쟁에 명나라 지원군으로 파견한 강홍립 장군 부대가 후금에 항복한 후 그 부대원 일부가 만주에 남아 볏논을 일군 것이 만주 벼농사의

합달산 유적을 설명하는 임찬경 박사

시작이다. 병자호란(1636) 후 소현세자가 심양에 볼모로 잡혀 있는 동안 부인 세자빈 강 씨 주도로 대대적으로 벼농사를 지어 체재 비용을 감당하고도 남았다. 이덕일 한가람역사문화연구소 소장이 세자빈 강 씨의 경영 능력을 『여인열전』에서 처음으로 소개하자 우리 연속극에도 이 얘기가 등장했다. 아름다운 역사의 한 자락이 된 것이다.

청나라가 산해관을 넘어 중원을 장악하자 조선이 더는 배후 위협이 되지 않아 소현세자와 세자빈은 귀국했다. 그러나 세자빈 강 씨는 남편 소현세자가 아버지 인조(재위 1623-1649)에게 독살당한 후, 자신도 사약을 받고 아들 둘도 제주도에서 죽는 조선 역사상 최고 비극의 주인공이 되었다. 시아버지 인조는 우리 역사상 가장 못난 임금이고, 그를 왕으로 만든 인조반정은 우리 역사

송화강에 이어진 관개수로

선조들이 개척한 송눈평원의 논

에서 일어나서는 안 될 최악의 정변이었다.

대일항쟁기 만주로 망명한 애국지사들은 독립전쟁 기반을 조성하는 사업으로 만주 일원에 여러 농장을 개설했는데 대부분 벼농사 중심이었다. 일송(一松) 김동삼(金東三, 1878-1937) 선생이 일군 하동농장, 백산(白山) 안희제(安熙濟, 1895-1943) 선생이 개척한 발해농장이 대표적이다. 만주 벌판의 끝없는 볏논을 보고 어찌 감회가 없을 수 있겠는가!

송원시가 가까워지자 멀리서 거대한 동상이 눈에 들어온다. 칭기즈칸 동상이다. 여기저기 몽골 문자인 파스파문자 표기도 보인다. 지나가는 길에 보니 전곽이나사몽고족자치현(前郭爾羅斯蒙古族自治縣)이다. 여기는 길림성 북쪽인데 몽골족 자치현이 있는 것으로 보아 이 지역은 과거 북방 민족의 활동 무대였음이 확실하다.

2

진개가 동호의 왕?

송원시를 출발해서 북서쪽 백성(白城)시 지역에 있는 한서(漢書) 유적지, 백성 박물관, 거란족이 세운 요나라 성 흔적을 보고 대흥안령산맥 초입에 있는 오란호특(烏蘭好特)까지 가는 것이 오늘 일정이다. 대략 300킬로미터를 달려야 한다.

송눈평원은 끝없이 계속된다. 옥수수, 콩, 벼를 심은 농지가 교대로 나타난다. 농가도 드문데 이 넓은 평원에 누가 땅을 갈고, 씨 뿌리고, 곡식을 거두는가? 기계 없이는 농사가 도저히 불가능할 것처럼 보인다. 그러나 농가에 기계는 보이지 않는다. 아예 농약을 칠 엄두도 내지 못할 것 같다. 도로 양쪽 버드나무 숲에는 드문드문 양들이 풀을 뜯고 있다.

한참을 달리자 유전에서 원유를 뽑아내는 기계들이 평원에서 돌아가고 있다. 하얼빈 북서쪽에 있는 대경(大慶)이 중국 최대 유전이라고 알고 있었는데 이곳에도 유전이 있다. 고속도로 주변만 보이기 때문에 이 유전이 얼마나 큰지는 알 수 없다. 평원에는 엄청난 곡식이 생산되고 땅속에는 석유까지 묻혀 있으니 이 얼마나 축복받은 곳인가?

거대한 풍력발전기들이 수없이 설치되어 있다. 대략 300미터 간격인 것으로 보이는데 워낙 넓은 평원이다 보니 그 모습이 괴기하지 않다. 우리나라 대관령과 미국 캘리포니아 풍력발전기들은 산에 다닥다닥 설치되어 있어서인지 무언가 무섭고 괴기스러웠다.

고속도로를 빠져나와 포장이 안 된 시골길을 한참 달리자 길가에 한서유지(漢書遺址) 표지석이 나타난다. 한서촌은 꽤 큰 마을이다. 마을 주변은 온통 볏논이다. 거위들이 떼를 지어 무논에서 놀고 있다. 마을이 지저분하다. 한서유지는 넓은 지역에 분포되어 있었다는데 특별히 보이는 것은 없다.

발굴된 유물은 어디엔가 전시되어 있을 것이다. 장춘에서 북쪽으로 300킬로미터 이상 떨어진 곳에 있는 부여 유적이라고 임찬경 박사가 설명한다. 서기전 15세기부터 서기 5세기까지의 유적이라고 한다. 중국 학자들이 출토된 유물로 보아 부여 유적으로 판정했다고 한다. 이 유적은 중원 문명의 원형으로 알려진 앙소문화(仰紹文化), 우리 문화의 조상인 홍산문화(紅山文化), 상(商), 주(周)의 청동기 문화와 같은 시대라고 한다. 특히, 이 유적에서 철기가 발견되었다고 한다. 필자가 보기에 이 유적은 부여가 최소한 위만이 오기 전에 철기를 사용했다는 증거다. 식민사학자들이

한서유지 표지석

___

아무런 증거도 없이 위만의 무리를 통해 철기가 들어왔다고 주장
하는 것은 틀렸다.

백성시는 북쪽 대흥안령산맥으로 올라가는 곳이다. 부여족, 선
비족, 거란족, 여진족, 몽골족이 힘을 기른 지역이다. 이들이 어울
려 사는 동안 자연스럽게 서로에게 영향을 주어 문화가 융합되고
동질성도 커졌을 것이다. 이 지역은 요나라 때 상경임황부(지금의
내몽고 파림좌기)에 속한 중요한 지역이었다. 요나라는 중원을 점
령한 다음 2원 통치체제를 시행했다. 거란족은 전통적인 부족 중
심으로 통치했다. 한족에 대해서는 중앙집권적 통치체제를 실시
했는데 그 중심은 지금의 북경이었다. 백성시 지역에 장춘주(長春
洲)를 설치하고 행궁인 날발(捺鉢)을 지었다. 요나라 황제와 거란

족 신하들은 봄에 이곳에 모여 합동으로 정사를 논의하고 대규모 낚시와 사냥 행사를 벌였다. 아마도 강인한 유목민족으로서 상무 정신을 유지하기 위해서였을 것이다.

사실 우리 민족을 중국에서는 조선족, 러시아에서는 고려인, 우리는 한민족이라고 달리 부르고 있는 현실이다. 제삼자가 볼 때 이 명칭들이 같은 민족을 지칭하는 것으로 받아들여질까? 일찍이 단재 신채호 선생은 『조선상고사』에서 우리 민족을 '부여족'으로 정의했다. 부여는 고조선을 이었고, 고구려가 부여에서 나왔기 때문이다. 이 이야기를 하자 이번 답사에 참여한 사람들은 아무런 거부감 없이 우리를 부여족이라고 부르기 시작했다.

만주 농촌에서 집이 팔작지붕이면 부여족 집이고, 맞배지붕이면 한족 집이라고 한다. 팔작지붕은 우리 시골 농가처럼 측면에도 지붕이 있는 집이고, 맞배지붕은 앞뒤로만 지붕이 있는 집이다. 조선족 집인지를 판별하는 완벽한 기준이라고 한다. 한서촌에서 팔작지붕 농가 두 채를 보았다. 이 만주 북쪽에 우리 부여족이 살고 있다.

백성시 박물관은 선비족이 세운 북위(北魏, 386-534), 거란족이 세운 요(遼, 907-1125), 여진족의 금(金, 1115-1234), 몽골족의 원(元, 1260-1368) 등으로 나누어 유물들을 전시하고 있다. 중국 전역을 차지한 원(元)과 청(淸)에 대해서는 우리가 상대적으로 많이 알고 있으나 중원만 차지한 요와 금에 대해서는 잘 모른다. 그러나 요와 금도 우리 역사와 맥을 같이하고 있다. 내몽고자치구 통료에서 발굴된 요나라 5대 황제 경종(景宗, 재위 969-982)의 손녀 진국 공주(陳國公主) 묘지명에는 공주 성이 야율씨(公主姓耶律氏)인데 본래 성은 고씨(本其姓高之裔)라고 되어 있다. 요나라 왕족 야율씨가 고구려 고씨로부터 유래했음을 짐작할 수 있는 유물이다. 잘 알려진 바와 같이 금나라 시조 김함보(金函普)는 경주 김씨다. 이 박물관에는 요나라 유적이 많다. 요나라에는 독자적인 문자가 있었고 이 글자가 새겨진 청동거울이 여러 점 전시되어 있다. 이 거울보다는 고조선 시대 다뉴세문경(多鈕細文鏡)이 더 아름답다. 거란문자는 대문자와 소문자가 있는데 아직 완전히 해독되지 않았다.

우리 역사책에 등장하는 요나라 황제는 태조 야율아보기(耶律阿保機, 872-926)와 성종(재위 1012-1031)이다. 야율아보기는 925년 발해를 멸망시켰고, 성종은 고려에 쳐들어왔다가 강감찬(姜邯贊, 948-1032) 장군에게 귀주에서 대패해 겨우 돌아갔다. 이 전쟁 결

거란문자가 있는 청동거울 뒷면

금나라 때 제작된 유쾌한 여인 석상

과 요나라는 점차 쇠퇴하여 만주를 실효적으로 지배할 수 없게 되었다. 반면에 고려는 국제적인 위상이 높아지고 만주에 대한 영향력을 키울 수 있었다. 최근에 제작된 것으로 보이지만 요나라 여러 황제 중 네 사람의 청동상이 여기에 전시되어 있다. 이유는 알 수 없지만, 마지막 황제 천조제 동상도 있다. 이 사람은 금나라에 패해 음산산맥으로 도망갔다 잡힌 사람이다.

이 지역은 앞선 시기에 부여, 고구려, 발해 강역이기도 했는데 박물관에는 이들이 언급조차 되어 있지 않다. 만주 북쪽에서 발흥한 민족 중에서 지금도 독립국가를 유지하고 있는 민족은 우리 부여족과 몽골족밖에 없다. 일본도 부여족의 나라인데 저들은 절대로 아니라고 우기고 있다. 우리를 제외한 다른 민족들은 중원을 제패하여 대제국을 건설했고 이들 나라 역사는 중국 정사인

25사에 포함되어 있다. 그러나 이들 민족은 지금은 흔적만 남기고 사라졌다. 25사에 포함된 나라들 유물은 박물관에 전시해놓고 포함되지 못한 부여족 나라들은 빼버린 것 같다. 동북공정의 일환일 것이다.

한가람역사문화연구소 답사팀은 정말 끈질기다. 요나라 태주(泰州)성 터를 물어물어 찾아갔다. 열정이 없으면 포기했을 것이다. 판축으로 쌓은 토성과 북문으로 추정되는 곳에 옹성 흔적이 확연히 남아 있고, 주위에 흰 기와 조각들이 널려 있다. 성 밖에는 버드나무 숲에서 양들이 한가로이 노닐고 성 안에는 옥수수가 가득하다. 밭 가운데서 유물 발굴반이 땀을 흘리고 있다. 태주는 금나라가 요나라 장춘주를 개명한 이름이다. 금나라는 초기에 이곳으로 많은 사람을 이주시켜 식량 증산에 큰 도움이 되었다고 한다. 그러나 금나라가 중원을 장악하자 백성들이 중원으로 진출하게 되어 자연스럽게 태주 지역이 쇠퇴했다. 이후 칭기즈칸이 발흥하자 이 지역은 칭기즈칸 동생들의 영지가 되었다가 그 후손 중 나얀이 쿠빌라이에게 반란을 일으켜 진압되고 온전히 원나라에 속했다.

요나라가 아무것도 없는 이곳에 성을 건설했을 수도 있지만 아마도 고구려, 발해 시대에 이미 토성이 있었을 것이다. 병원이라 돌이 없어 토성을 쌓았겠지만 송파구의 몽촌토성에서 보듯이 판축 기법과 옹성은 부여족의 고유한 성 쌓기 아닌가? 이덕일 소장은 만주에 널려 있는 토성들의 판축 기법 연원과 발전 과정을 전문적으로 연구해보면 우리 역사에서 부여족 발전 과정이 자세하

게 규명될 것이라고 한다.

　백성시에서 오란호특까지 100여 킬로미터 길이의 고속도로는 대흥안령산맥으로 가는 오르막길이라고 짐작했는데 전혀 경사를 느낄 수 없었다. 산맥 남쪽 기슭도 사실상 대평원의 일부였다. 그러나 길림성과 내몽고자치구 경계에 있는 요금소부터는 20도 정도 경사길이 반복되다가 오란호특에 도착했다. 산길은 꼬불꼬불한 것이 우리 상식인데 거의 직선이었다. 밤이어서 주위를 살필 수가 없었다. 민가의 불빛이 거의 보이지 않았다.

　대흥안령산맥은 남북 1,300킬로미터, 동서 200 내지 450킬로미터다. 우리가 생각하는 산맥이 아니고 대초원, 구릉지대, 삼림지대로 이루어진 면적이 어마어마한 고원이다. 평균 해발 700미터, 최고봉이 1,700미터라고 한다. 오란호특은 대흥안령산맥 초입에

있는 깔끔한 도시인데 윤 선생에게 물어보니 해발 400미터라고
한다. 제법 큰 강이 남쪽으로 흘러 대흥안령산맥의 기슭과 백성
시 지역 평원을 적신다.

오란호특의 밤공기는 말할 수 없이 상쾌하다. 호텔도 깨끗하다.
다음 날 아침 대흥안령박물관을 관람했다. 박물관에는 동호(東胡)
왕들의 초상화가 전시되어 있다. 전시된 동호 왕들은 선비족 단석
괴(檀石槐, 137-181), 탁발도(拓跋燾, 408-452), 모용황(慕容皝, 297-
348), 거란족 야율아보기, 금나라 태조 아골타(阿骨打, 1068-1123),
몽골족 칭기즈칸(1162-1227) 등이다. 강인한 모습으로 그려놓았
으나 괴기하게 보이는 초상화들이다. 이들은 그야말로 영웅들이다.
물론 고구려 추모왕(鄒牟王, 서기전 58-서기전 19)과 광개토태왕(廣開
土太王, 373-412), 발해 고왕 대조영(大祚榮, ?-719) 등 우리 민족 영
웅들은 없다. 중국 역사서는 동호와 부여족을 다른 민족으로 분
류한다. 이 박물관도 마찬가지인 셈이다. 과연 그럴까? 역사를 자

대흥안령박물관 진개 초상

세히 살펴보면 고조선이 동호였다. 그러니 북방 민족들은 우리와 친연성이 높은 민족들이다. 우리나라 식민사학자들은 북방 민족들을 우리와는 완전히 다른 오랑캐로 취급한다.

황당하게도 진개(秦開)가 동호 왕으로 전시되어 있다. 진개는 중국 전국시대 연나라 장수로 고조선에 인질로 와 있다가 자기 나라에 돌아간 후 군대를 몰고 서기전 300년경 고조선을 침공한 사람이다. 고조선이 진개에게 강토를 천여 리 뺏기고 만번한(滿番汗)을 경계로 삼았다고 사서에 나와 있다. 만번한이 어디인지는 논외로 하더라도 진개의 침공으로 고조선 서쪽이 많이 약화된 것은 사실일 것이다. 왕도 아니고 동호족도 아니지만 중국인들이 볼 때 강력한 고조선을 패퇴시킨 장군 진개가 자랑스러워서 요즈음 들어 동호 왕으로 추증한 것인가? 말이 안 되는 설명이다.

3

송화강과 눈강을 보지 않고 우리 역사를 논하지 말라

치치하얼은 내몽고자치구 오란호특에서 북동쪽으로 약 300킬로미터 떨어진 흑룡강성 북쪽 도시다. 오란호특을 벗어나자 고속도로가 끝나고 지방도로다. 여기저기 도로 공사가 한창이다. 지금 중국 전체가 공사판이지만 이 북쪽 변경도 예외가 아니다. 오란호특 외곽에 다시 논이 보인다. 아마도 논농사 북방한계선일 것이다. 팔작지붕 부여족 농가도 눈에 띈다.

우리가 가는 길은 대흥안령산맥 북동쪽 경사면이다. 야트막한 산, 자작나무와 버드나무 숲, 그리고 옥수수와 콩밭이 계속 이어진다. 조금 더 가자 끝이 보이지 않는 평원이 시작된다. 이 평원을 달리면서 반도에 사는 우리 상식으로 만주를 판단하는 것이 참무리일 수 있겠다는 생각이 든다. 대평원에서 걸어 다니면서 일한다는 것은 상상하기 어렵다. 농사든 목축이든 말을 타지 않고서는 되는 일이 없을 듯하다. 너무 넓으니까. 20여 년 전까지만 해도 만주에서는 자동차보다 말이 훨씬 빠른 이동 수단이었다는 얘기를 들은 적이 있다. 도로들이 연결되어 있지 않았으니 장거리 이동에 자동차보다 말 타는 것이 더 편했을 것이다.

끝이 보이지 않는 대평원이 계속된다. 눈강을 가로지르는 눈강대교를 건넌다. 강폭이 어마어마하다. 물길이 네 개인지 다섯 개인지 구분이 안 된다. 강변이 얼마나 넓은지 입을 다물 수 없다. 한강과 낙동강도 넓은 강이나 눈강과는 비교가 안 된다. 하긴 나일강과 미시시피강도 엄청난 강이었다. 긴 다리를 건너자 상상을 초월하는 넓은 습지가 이어진다. 철새보호지역 표지판이 보인다. 우리나라에 날아오는 철새들이 이곳에서 잠시 쉬는 것인가? 막상 새들은 거의 보이지 않는다.

송눈평원의 눈강

이 눈강과 송화강이 광대무변한 송눈평원의 젖줄이고 결국 두 강이 합쳐서 흑룡강과 하나가 된다. 이 평원이 있었기에 북방 민족들이 여기서 힘을 기른 후 중원을 장악하고 대제국을 건설할 수 있었을 것이다. 이곳도 고조선, 부여, 고구려, 발해 등 우리 민족 역사의 무대다. 이 광활한 평원, 상식을 뛰어넘는 장대한 눈강과 송화강을 보지 않은 자는 우리 역사를 논할 자격이 없다.

광개토태왕 비문은 다음 문구로 시작한다.

생각해보니 시조 추모왕께서 창업하신 터다. 시조께서는 북부여 출신이시며, 하늘의 아드님이시고 어머님은 수신 하백의 따님이시다. 알을 깨고 세상에 나오셨으며 태어날 때부터 성스러움이 있었다.(惟昔 始祖鄒牟王之創基也 出自北夫餘 天帝之子 母河伯女郎 剖卵降世 生而有聖)

우리 역사에서 이처럼 가슴 뛰는 웅혼한 선언이 또 어디 있겠는가? 우리 젊은이들 모두 외우고 새겨야 할 구절이다. 그런데, 왜 강의 신인 하백(河伯) 따님이 어머니라고 자랑스럽게 선언했을까? 눈강과 송화강을 본 필자는 그 이유를 알 것도 같다. 넓고 넓은 강을 건너야 하는데 고대 부여족들이 어찌 두려움이 없었겠는가? 안전하게 건너기 위해서는 누군가의 도움이 필요했을 것이다. 도움의 손길이 바로 강의 신 하백이었을 것이다. 하백 따님이 어머니이니 당연히 자랑스러웠을 것이다.

거란족 요나라와 여진족 금나라 성이라고 알려진 탑자성(塔子城) 유적지를 찾았다. 요나라 시대 거대한 탑이 복원되어 있다. 박물관은 최근에 지은 것으로 보인다. 탑자성이라는 이름은 이 요탑에서 유래한 것 같다. 지난해 중국 산서성을 답사할 때 보았던 요나라 탑(응현 요탑)과 비슷하다. 이 성은 어제 답사한 태주성 관할이었다. 요, 금, 원, 명나라 때까지 사용된 성이라고 한다. 성 안에는 큰 마을이 있고, 동서남북으로 성문 자취가 보인다. 이 지역은 거란족 방목지였다. 탑자성은 토성인데 흙을 다져 쌓는 판축 기법으로 세운 평원의 성이다. 요나라 시기에 쌓았다고 하나 고구려와 발해 시기에도 여기에 사람이 살고 있었을 것이고, 성이 있었을 것이다. 박물관에 부여족 유물과 유적을 설명해놓은 것은 전혀 없다. 속 좁은 중국 사람들이다.

탑자성을 떠나 예정보다 조금 일찍 치치하얼에 도착했다. 치치하얼은 하얼빈에 이어 흑룡강성 제2 도시이고 중국에서 13번째

판축 토성 흔적

로 큰 도시다. 지금은 주민 대부분이 한족이다. 치치하얼이 '천연목장'이란 뜻이고 이 지역이 원래 초원이었으니 여기가 북방 민족들의 중요한 삶의 터전이었음을 알 수 있다. 치치하얼 입구 요금소를 지나니 온통 공사판이다. 박물관을 관람하기로 일정이 잡혀 있었으나 시간이 늦었다. 중국 박물관들은 월요일에 쉬기 때문에 내일도 볼 수 없다. 하얼빈으로 내려가는 길에 이곳에서 다시 하루 묵게 되어 있으니 그때 보기로 했다.

1945년 소련군이 참전하면서 관동군이 소련에 항복했고 일제도 패망했다. 치치하얼에 항복한 관동군을 수용한 포로수용소가 있었다고 한다. 포로 중에는 학병으로 끌려 나갔던 부여족 젊은 이도 있었다. 장준하, 김준엽 같은 분은 관동군 부대를 탈출해서 수천 리를 걸어 대한민국 임시정부에 합류했지만, 그대로 관동군에 남았던 사람들은 이곳 포로수용소에 수감되었다가 천신만고

중국 성처럼 건축한 탑자성 박물관

끝에 귀국했을 것이다. 그중에 고인이 된 식민사학자 이모 교수가 있었다. 그는 이곳에서 바른 국사 강의안을 작성했으나 귀국 후 대표적인 식민사학자가 되었다고 김병기 박사가 안타까워한다.

지난해 산서성과 하남성을 답사할 때 중국 음식은 입에 맞았다. 특히, 간이 적당해서 불편함이 없었다. 그런데 이곳 만주 음식은 매우 짜고, 향신료도 많이 들어가서인지 영 당기지 않는다. 20년 동안 중국에 답사 다니면서 음식 주문을 전담(?)해온 이덕일 소장의 비결 덕에 그럭저럭 먹을 만하다. 향신료 채소인 상차이가 입에 맞아야만 진정으로 중국 음식의 진미를 알 수 있다고 한다.

몇 개월 전 이덕일 소장에게 필자가 나이도 들고 했으니 호(號)를 지어주십사 하고 부탁을 드렸다. 저녁 식사 중간에 이덕일 소장이 그동안 고심해서 지은 호를 일행에게 소개한다. 시백(是伯)인데 옳을 是, 형님(어른) 伯이니 올바르고 반듯한 형님(어른)이라는 뜻이다. 너무 부담스러운 의미를 지닌 호다. 아마도 일행 중에서 연장자임을 고려하여 지은 것일 것이다. 스스로 호를 짓는 경우도 많지만, 스승이나 벗이 지어주는 것이 일반적이다. 당사자에게 부족한 부분을 채워주거나 넘치는 것을 경계하라는 의미로 호를 지어준다고 한다. 항상 반듯하게 살겠다는 다짐을 하면서 호를 받는다.

고마운 마음에 일행의 저녁 밥값을 필자가 부담했다. 우리 선조들은 호를 받으면 격조 있는 술자리를 마련해서 대접했다고 한다. 그 유풍을 따른 것은 아니지만 사람 마음이란 세월이 흘러도 그 바탕은 별로 달라지지 않는가 보다.

4

별이 쏟아지는 밤 대초원에 울려퍼지는 「강남 스타일」

흑룡강성 치치하얼에서 약간 서북쪽으로 다시 내몽고자치구로 들어가서 호륜패이초원을 경험하는 것이 오늘 일정이다. 목적지 금장칸(金帳汗) 마을까지 약 500킬로미터를 달려야 한다. 오늘 특별히 살펴볼 유적지는 없다.

호륜패이초원은 대흥안령산맥에 있는 고원으로 면적이 26만 제곱킬로미터, 인구가 270만 명이라고 한다. 우리 남북한 면적 22만 제곱킬로미터, 인구 7,200만 명과 비교해보면 초원 규모가 대략 짐작된다. 원래 이 지역은 선비족, 거란족, 몽골족 등의 유목지였다. 지금은 전체 인구의 82%가 한족이고, 몽골족 9%, 만주족 4%, 기타 여러 민족이 살고 있다. 특이하게도 부여족이 8천 명 살고 있다고 한다. 사실 청나라 때까지 이 지역은 한족이 들어올 수 없는 지역이었다. 중국에 공산정권이 들어선 이후 계획적으로 많은 한족을 이주시킨 결과다.

호륜패이초원 남쪽은 평원과 구릉이 함께 이어지고, 동북쪽은 삼림지대, 그리고 나머지 지역은 대초원이다. 물이 풍부하고, 야생동물도 많아 유목민들에게는 최상의 땅이다. 지금은 중국 영토이니 몽골인민공화국 입장에서는 잃어버린 영토다. 정말 아깝고 분할 것이다. 칭기즈칸 선조들이 발흥한 땅이라 더욱 그럴 것이다. 청나라 초기부터 이 땅은 청나라에 속했다.

원나라가 명나라에 망하고 몽골족이 초원으로 돌아간 후 한참 지나서 칭기즈칸 후예인 다얀칸(大元, 1464-1517)이라는 걸출한 왕이 몽골에서 출현했다. 다얀칸은 태양왕이라는 뜻도 있지만 다얀은 원나라인 대원(大元)의 몽골 발음이라고 한다. 몽골족이 칭기즈칸 다음으로 존경하는 인물인 현명한 왕비 '만두하이'의 어린 남편이 다얀칸이다. 만두하이는 다얀칸을 키우고 교육해서 42세에 17세 다얀칸과 혼인했다. 놀랍게도 그들 사이에서 아들 7명이 태어났다. 다얀칸은 자신이 다스리는 강역을 여섯으로 나누어 왕자들이 대대로 다스리게 했는데 호륜패이초원은 그중 하나인 '할하'에 속했다. 훗날 여진족이 흥기하자 할하 몽골족은 여진족과 연합했다. 후금 태종 홍타이지(皇太極, 재위 1626-1643)는 몽골족과 여진족 합동 쿠릴타이를 열어 후금 황제임과 동시에 몽골 대칸으로 즉위하고 나라 이름을 '에케쥬신 울루스'로 정했다.

'에케쥬신 울루스'는 우리말로 '대조선제국'이다. 놀랍지 아니한가! '쥬신'은 중국 사서에서 우리 민족을 칭하는 용어 중 하나다. 숙신, 쥬신, 식신, 직신 등이 조선을 음차하여 각기 달리 표기한 것임은 이미 잘 알려져 있다. 할하 몽골족과 청나라는 당연히 관계가 좋을 수밖에 없었고, 청 황제의 황후 중에는 할하 몽골족 낭자가 여럿 있었다. 그중 대표적인 낭자가 청 태종 황후로 중국 역사상 가장 뛰어난 성군인 손자 강희제(康熙帝, 재위 1661-1772)를 양육한 할머니 '포목포태'다. 포목포태 역시 중국 역사상 가장 현명한 태후로 평가받고 있다.

'대조선제국'을 세워 오늘날 중국 강역을 제패한 청나라를 소중화에 찌든 조선 지배층은 불구대천의 오랑캐 원수로 여겨 이를 갈았다. 인력이 부족한 후금과 조선이 힘을 합쳐 산해관을 넘어 중원을 지배했다면 병자호란도 없었을 것이고, 그야말로 대조선 제국이 되었을지도 모른다. 필자의 부질없는 상념인가? 그러나 지금 중국에서 만주족 인구가 1,300만 명이라고 하나 만주족 말을 가르치는 초등학교조차 없는 실정이라고 한다.

강희제康熙帝

치치하얼에서 한참 고속도로를 달려 내몽고자치구에 들어서
자 자작나무와 버드나무 숲이 어우러지고, 낮은 구릉이 계속된
다. 평지에는 옥수수밭, 콩밭, 노란 유채밭이 넓게 펼쳐져 있다.
가끔 양과 소를 방목하는 광경도 보인다. 생각지도 않았던 터널
이 나타난다. 흥안령 터널이다. 주위의 산들이 조금 높아졌다는
느낌 외에는 경관이 별로 다르지 않다. 과거 여기는 유목지역이
었지만 지금은 확실히 농업지역으로 변했다. 이름이 기억나지 않
지만 두 번째 터널이 다가온다. 터널 속 도로에는 물이 흥건하다.
아마도 터널 공사 부실 탓이리라. 영하 30도를 넘는 혹독한 이 지
역 겨울에는 차가 다니기 어려우리라고 했더니 그때는 얼어서 물

끝없이 펼쳐진 옥수수밭

도 스며 나오지 않을 것이라고 누가 말한다.

두 번째 터널을 지나 아극석(牙克石) 근처까지는 버드나무와 자작나무는 별로 보이지 않고 침엽수림이 단속적으로 나타난다. 조림한 숲인 듯하다. 해발 700미터 정도의 고지대다. 가축 무리가 자주 보이고 평지에는 유채밭이 여기저기 넓게 펼쳐져 있다.

의외로 초원에 물이 풍부하다. 경사가 완만한 구릉과 구릉 사이에는 어김없이 조그만 도랑이 흐르고, 구릉 기슭 아래 저지대에는 물이 고여 있다. 이 물이 모여 초원 여기저기에 개천이 흐른다. 물이 있어야 사람도 살고 가축도 살 수 있지 않은가. 그렇기에 상고시대부터 이 지역이 최고의 유목지대였으리라.

고속도로가 시원하게 뚫려 있으나 차는 드문드문하다. 경제적 타산이 맞지 않는 고속도로임이 틀림없다. 물론, 땅값을 보상하

초원을 흐르는 강

고, 산을 뚫고, 강을 연결해야 하는 우리보다는 훨씬 싸게 들 것이다. 중간에 큼직한 휴게소들이 지어져 있으나 화장실만 열려 있고 가게는 잠겨 있다. 통행 차량이 많지 않은 탓일 것이다. 중국 고속도로 휴게소의 화장실들이 우리와 비슷하리라고 생각하면 큰 오산이다. 정말 황당하다. 생리를 잘 조절해서 호텔에서 큰일을 보도록 해야 한다.

고속도로를 두 시간쯤 달려 아극석에 도착했다. 북만주 서쪽 남북철도와 동서철도가 만나는 교통 요지이고 초원에 자리한 소읍이다. 여기서 늦은 점심을 먹었다. 고속도로 휴게소 식당이 닫혀 있은 탓이다. 동네 식당에서 가지고 간 컵라면에 더운물을 붓고, 몇 가지 요리를 주문해서 점심을 해결했다. 식당 옆 주민회관 비슷한 곳에 사람들이 몰려 있다. 이 도시는 전력이 부족해서 제한적으로 송전한다고 한다. 화력발전소를 추가로 건설하자는 사람들과 환경을 보전하기 위해 발전소를 건설해서는 안 된다는 사람들이 시 당국 주관하에 토론하는 모임이라고 한다. 중국이 얼마나 달라졌는가! 아극석은 꽤 큰 도시인데 철도역이 있고, 주위에 지하자원이 개발되면서 발전하는 도시인가 보다.

아극석을 지나면서부터 농지도 사라지고, 구릉도 거의 없는 그야말로 대초원이다. 드문드문 대규모 양, 소, 말 떼가 초원에서 풀을 뜯고 있다. 초원의 소는 행색도 좋다. 하기야 우리에 갇혀서 주는 사료만 먹는 스트레스 쌓인 우리네 소와 같겠는가. 게르도 보인다. 그런데 초원이 낮은 철조망으로 구획이 정해져 있는 것 같

초원의 가축들

다. 중국 정부 입장에서는 자유롭게 이동하는 유목민을 통제하기 어려워 방목 구역을 정해준 것 같다. 이 초원에도 낮은 지역에는 습지가 단속적으로 흩어져 있고, 제법 큰 강이 나타났다 사라졌다 한다. 지도상으로 물길은 결국 흑룡강으로 흘러 들어간다.

　게르 촌에 도착했다. 우리가 도착한 게르 촌 상호가 천당초원 (天堂草原)이다. 천당에 있는 초원인가? 초원에 있는 천당인가? 이 게르 촌은 초원을 체험하고자 하는 사람들을 위한 일종의 위락시설이다. 이 일대가 금장칸(金帳汗) 마을이다. 대몽골 제국의 4개 칸국 중에서 남러시아를 중심으로 유럽과 중앙아시아를 지배한 킵착칸국이 금장칸국인데 여기에 왜 금장칸 마을이 있는 것일까? 킵착칸국은 칭기즈칸의 장남인 주치의 영지였다. 유럽 사람들은 킵착칸국의 칸이 사는 게르가 황금으로 금박 되어 있어서 금장칸이라 불렀다. 주위를 살펴보니 그 이유를 알 것도 같다. 가까운 약간 높은 동산에 근방에서 제일 큰 게르가 있고 그 중앙 게르 지붕이 황금색이다.

초원과 게르 숙박 체험이 환상적이고 낭만적일 것이라고 상상하기 쉽다. 그러나 동행한 박길란 선생은 낭만은 5분 안에 끝나고 내일 떠날 때까지 개고생일 거라고 한다. 우리가 예약한 게르는 모양만 게르다. 벽은 시멘트로 쌓았고 지붕은 플라스틱이다. 엉성한 창문이 앞뒤로 두 개 나 있고, 출입문은 양철로 겨우 막고, 실내에 칸막이와 화장실과 세면대가 있다. 화장실 냄새가 역겹다. 하룻밤이니 견뎌야지. 우리가 너무 문명화된 탓인가?

엉터리 게르에다가, 몽골족이 하늘의 위대한 신 텡그리와 소통하고자 열어놓는다는 천장 중앙의 구멍은 아예 막혀 있다. 언젠

게르 촌

가 게르에 누워 천장 구멍을 통해 하늘을 보니 별이 우박처럼 쏟아져 들어오고 사람이 하늘과 하나 되는 시간을 경험했다는 누군가의 글을 본 적이 있었다. 그러나 우리는 게르 안에서 별조차 볼 수 없었다. 완전히 사기당한 기분이다. 초원의 하늘에는 수정 같은 맑은 보석들이 뿌려져 있다. 내 인생에서 이렇게 손에 잡힐 듯 북두칠성을 가까이서 본 적은 없다. 초등학교 이후 은모래를 모아놓은 은하수도 처음 본다. 얼마나 각박하게 살아온 지난 세월인가!

삶은 양고기 맛이 일품이다. 저녁 식사와 함께 맥주로 여독을 풀고 있는데 밖에서 요란한 록 음악이 울려 퍼지고 모닥불이 활활 타오른다. 남쪽에서 온 한족으로 보이는 젊은이들이 노래를 부르고 아이들과 함께 신나게 춤춘다. 조금 지나니 노는 모양이 광란이다. 어, 갑자기 싸이의 「강남 스타일」이 확성기를 통해 대초원에 울려퍼진다. 우리말 가사로 「강남스타일」을 열창한다.

이 내몽고의 대초원, 별이 쏟아지는 밤에 「강남 스타일」이라니. 한류가 이런 것이구나! 아무리 세계가 지구촌이 되었다고 해도 어떤 연유로 한류가 이렇게까지 사랑받을 수 있는가? 사람은 자기 마음에 들면 좋아하게 된다. 한류도 다른 나라 사람들에게 뭔가 도움이 되는 게 있지 않겠는가? 모든 사람을 이롭게 한다는 홍익인간(弘益人間)이 바로 한류의 저변에 깔려 있는 사상일지도 모르겠다.

5

소·만 국경을 보다!

연암(燕巖) 박지원(朴趾源, 1737-1805)은 『열하일기(熱河日記)』에서 드넓은 요동 벌판에 압도되어 "아 좋은 울음 터로구나. 크게 한번 울어볼 만하구나!"라고 찬탄했다. 소위 호곡장(好哭場)이다. 단지 땅이 넓어서만은 아니었을 것이다. 그 옛날 우리 조상들 땅이라 가슴이 울컥했을 것이다. 여기에 더하여 "아! 밭고랑에서 아침 해가 뜨는구나!" 하고 감탄했다. 초원에서는 당연히 풀밭에서 해가 뜰 것이다. 산 위에서, 바다에서, 아파트 위에서 뜨는 해만 우리는 보았다. 동숙한 조 선생은 새벽에 일어나 초원에서 뜨는 장엄한 태양을 보았다고 한다. 돌아가신 필자의 할머니가 보셨더라면 경건하게 손을 비비고 절을 몇 차례 올리고 이 손자의 건강과 성공을 하늘에 비셨을 것이다.

초원에서는 거리를 가늠하기 어렵다. 보기보다 훨씬 더 멀다. 일행 중 여성 두 분이 이른 아침에 가깝게 보이는 풍력발전기가 있는 데까지 가보려 했으나 한 시간을 걸어도 그 거리여서 되돌아왔다. 조 선생도 천당초원 옆에 있는 호숫가에 가다가 보이는 거리와는 달리 너무 멀어 되돌아왔다. 초원에서는 말이 발이구나!

오늘 일정이 천당초원을 출발해서 하이라얼(海拉爾)시 악륜춘족 박물관과 그 지역 신석기 유적을 전시하고 있는 합극(哈克)유지 박물관을 관람한 다음 어얼구나(額爾古納)시까지 가게 되어 있다. 그러나 북쪽에 있는 중국과 소련 국경인 만주리(滿洲里)와 그 근처에 있는 호륜(呼倫)호수를 보고 다시 돌아와서 바로 어얼구나시로 가기로 변경한다. 만주리는 일제 강점기 애국지사들이 가슴 졸이면서 기차를 타고 와 러시아로 넘어갔던 바로 거기다. 오늘 대략 450킬로미터를 이동해야 한다.

만주리로 가는 고속도로 주변은 어제 달려온 지역처럼 끝없는 초원의 연속이다. 이제 풍광이 단조롭게 느껴진다. 구릉지대와 마찬가지로 물이 풍부하다. 초원 낮은 곳에는 어김없이 웅덩이나 작은 호수가 있고, 이어 제법 큰 강줄기가 나타났다 사라졌다 한다.

이덕일 소장이 버스 안에서 만주 현대사를 강의한다. 관동군 자작극인 군벌 장작림 폭사 사건(1928년)과 만주사변(1931년), 장개석이 장학량에게 지시한 만주에서의 철수(1931년), 관동군이 쉽게 만주국을 건국(1932년)한 사건 등을 명료하게 설명한다. 이 자작극은 일본 정부 승인 없이 관동군 영관급 장교들이 독자적으로 저지른 사건이었고, 일본 정부는 추인했다. 전쟁을 본업으로 하는 군이 민간 통제를 벗어나 직접 정치에 나서면 국민에게 비

장작림張作霖

극인 자해적 결과를 초래하는 구체적인 예가 관동군이다. 만주국이 들어서자 우리 독립군들은 설 땅을 잃고 만주에서 퇴각하게 된다. 만주사변은 일본 파시스트들이 패망할 수밖에 없는 전쟁 수렁에 빠져드는 시작이었다. 임표(林彪, 1907-1971)가 지휘하던 홍군이 무순 근처 살이호 전투에서 장개석의 국민당 군을 격파하면서 오늘날 중국이 있게 된 전환점이 마련되었다고 한다.

만주리에 들어서자 근사한 매머드 조각공원이 보인다. 이어 러시아와의 이중 철책 국경선이 나타난다. 세관 입구에서 국경까지 50미터 정도인데 철도가 지나가고, 입장료가 80위안(1만 5천 원)이다. 들어가봐야 보이는 것은 철도밖에 없다. 관광객으로 너무 혼잡하고 주차장에 자동차가 꽉 들어차 있다. 일행 중에 아무도 입장권을 사고 싶어 하지 않는다. 8년 전 겨울 이곳에 왔을 때는 입장료가 없었단다. 광장 옆 러시아식 건물인 백화점에는 전통 러시아 목각인형 등 러시아 제품이 많다.

중국과 러시아 관계가 원만한 지금 이 국경도시는 활기차다.

초원의 양 떼

여기저기에 러시아풍 건물들이 있다. 김병기 박사는 만주리를 작은 하얼빈으로 보면 된다고 한다. 우리 인기 여배우 전지현 씨의 대형 사진을 걸어둔 가게도 있다. 이 오지에서 켄터키프라이드치킨(KFC)의 치킨버거로 점심을 때운다. 일행 중 여성들은 러시아제 머플러가 값이 싸고 색깔도 곱다며 산다. 만주리는 러시아와 중국 국경이지만 조금 남쪽으로 가면 몽골과도 국경이다. 일제 강점기에 우리 애국지사들이 아슬아슬하게 일제 눈을 피해 장춘에서 기차를 타고 1,600킬로미터를 달려와 독립전쟁 지원을 받기 위해 소련으로 넘어가는 기회를 보던 곳이 이곳 만주리다.

만주 독립군 3부 중 하나인 참의부 참의장을 지내시고 상해에서 독립신문 사장으로 조국과 민족에 헌신하신 희산(希山) 김승학(金承學, 1881-1965) 선생도 여기를 통해 소련으로 들어가셨다. 이

만주리 거리

어른은 동행한 김병기 박사의 증조부다. 김 박사의 감회를 우리가 짐작이나 할 수 있을까? 몽양(夢陽) 여운형(呂運亨, 1886-1947) 선생은 일제의 눈을 피하지 못해 이곳에서 되돌아갔다고 한다. 당시 서울에서 여기까지 오는 데 몇 달이 걸렸을 것이다. 일제 강점기 민족의 한이 서린 그 멀고 먼 소·만(蘇·滿) 국경이 바로 여기다.

만주리에서 남서쪽으로 30킬로미터 떨어진 호륜호(몽골 말로는 달라이 누르)를 답사하기로 한다. 마을 몇 개를 지나니 호륜호다. 흑룡강성 동남부 흥개호(興凱湖) 다음으로 만주에서 큰 호수다. 길이가 40킬로미터가 넘는다. 바다와 다름없는 미국 5대호 중 이리호에 면한 버펄로에서 필자는 대학원을 다녔다. 이리호만큼은 크지 않지만, 파도가 치니 호륜호도 바다나 다름없다. 관광객들이 와글대는 호숫가는 특별히 인상적이지는 않다. 초원 저지대에

중·러 국경 (입장권 내고 들어가면 러시아 국경)

형성된 호수라서 최고 수심이 8미터에 불과하다고 한다. 초원의 물을 이 호수가 담았다가 흑룡강으로 이어준다.

생각해보면 호륜호 주변은 북방 민족에게는 역동적인 땅이다. 중국 5호 16국 시대 최종 승자인 북위를 세운 선비족은 대흥안령산맥 북동쪽에서 근하(根河)를 따라 남하하여 이곳에서 힘을 키웠다. 이어 시라무렌강 주변으로 남하했다. 일부는 요서로 남하하여 모용씨 연나라를 세웠다. 일부는 음산산맥을 넘어 지금의 중국 산서성 북부 대동(大同)에 도읍하고 북위를 건국했다. 이어 중원을 평정한 후 낙양(洛陽)에 입성했다. 거란족도 이곳에 정착한 후 다시 남하하여 요나라를 세웠다.

몽골족에게 이 지역은 쟁패의 땅이다. 칭기즈칸은 몽골 초원 통일이 막바지에 접어들었을 때 이 일대에 살던 다섯 부족을 격파했다. 이어 할아버지와 아버지를 살해한 용맹한 타타르족을 서기 1200년 토벌한 후 수레바퀴보다 키가 큰 남자들을 모두 살해한 전장도 이 근처다. 칭기즈칸의 안다(의형제)로 경쟁자였던 자무카도 이 호륜호 동북부 호륜패이초원의 어느 산속에서 잡히고 1206년 몽골 초원은 하나가 된다.

호륜호에서 약간 남서쪽 국경 바로 넘어 몽골 땅에 노몬한(몽골 말로는 할힌골)이란 곳이 있다. 무적(?) 관동군의 형편없는 실력을 드러낸 1939년 5월 노몬한 전투 현장이다. 만주에 이어 몽골과 소련까지 넘보던 관동군이 소련과 몽골을 상대로 본국 승인도 없이 자기 마음대로 일으킨 전쟁이다. 전투에 투입된 관동군 2만 여 명 중 1만 7,000명이 전사하거나 부상하고 연대장, 대대장들도 대부분 전사하거나 할복했다. 관동군의 실력이 들통 난 전투다. 노몬한 전투와 관련하여 이덕일 소장은 『잊혀진 근대, 다시 읽는 해방전前사』에서 "노몬한 전투로 소련에 호되게 당한 일본 파시스트들이 미국, 영국과 맞서는 남방정책을 추진한 것이 태평양전쟁 발단이었다. 마치 윗동네를 기웃댔다가 혼난 조직폭력배가 아랫동네를 노리는 식으로 나라의 운명이 흘러가는 이상한 시대였다"라고 평가했다. 달라이 누르, 예나 지금이나 물빛은 푸르나 수천 년의 사연들을 담고 있다.

호륜호에서 150킬로미터를 되짚어 와서 아침에 출발한 천당초원을 한참 지나 동북쪽으로 방향을 바꾸어 어얼구나시로 향한다. 구릉과 평원이 함께 연속되는 곳 중간중간에 큰 공장들이 나타난다. 사실은 광산이다. 지하자원이 얼마나 묻혀 있을까? 초원에 어울리지 않는 풍광이다.

좀 더 가자 제법 높은 산들이 도로 양쪽으로 이어지고 계곡 평지는 좁아졌다 넓어졌다 반복된다. 띄엄띄엄 정착촌 마을들이 보인다. 인민을 통제할 목적으로 중국 정부에서 유목민들을 정착시킨 것으로 보인다. 마을 이름이 69, 95, 83 등 숫자다. 산기슭에는 밭과 목초지가 섞여 있고, 계곡 평지에 가축이 많다. 목초지가 부족한 것이 확실해 보인다. 어얼구나시가 가까워지자 다시 들판이 넓어진다.

어얼구나시 외곽에 스위스 네슬레 사의 유제품 공장이 보인다. 근처 초원에 방목하는 젖소가 많은 탓이리라. 대흥안령산맥 오지에도 돈이 되니까 다국적기업이 들어와 있지 않겠는가.

어얼구나시는 호륜패이초원 중앙에 있는 조그만 도시다. 주위 경관이 수려하고 고원이기 때문에 시원해서 중국인들에게 피서지로 알려지기 시작한 도시다. 시내 중심에 그럴듯한 호텔이 여럿 있지만, 만원이어서 우리 일행은 장급 호텔에 여장을 풀었다. 하룻밤인데 뭐 대수겠는가.

6

순록의 고장에서 순록을 보지 못하다

어얼구나시 근처에 흑두성(黑頭城)이라는 산성이 있다고 한다. 이덕일 소장이 8년 전 이곳을 답사할 때는 매서운 겨울이라 온통 눈에 덮여 있었다고 한다. 몽골족이 쌓은 성이라고 전해오는데 아마 최북단 고구려 성일 가능성도 있을 것이다. 아쉽지만 흑두성 답사는 다음 기회로 미루고 여성 일행들의 희망을 참작해서 대신 어얼구나습지를 보기로 한다. 어얼구나시에서 오늘 자기로 되어 있는 에벤키족 민속촌까지는 대략 200킬로미터다.

어얼구나시 외곽에 있는 습지는 입구에 '아시아 최고 습지'라고 소개되어 있다. 관광지에서 흔히 볼 수 있는 간이 이동차를 타고 중턱에 내려 걸어 올라갔다. 구릉 정상이 해발 100미터 정도다. 멀리 건너편 구릉과 필자가 서 있는 남쪽 구릉 사이는 광활한 평원이다. 남쪽 구릉 가까이 어얼구나강이 사행천으로 흐르면서 강 주위에 습지가 넓게 형성되어 있다. 위에서 내려다보는 습지는 장관이다. 가슴이 뻥 뚫리는 시원한 풍광이다. 이 강은 호륜패이초원을 가로질러 흑룡강으로 들어간다. 어얼구나강을 러시아에서는 아르군강이라고 부른다. 1689년 청나라 강희제는 러시아와 네르친스크 조약을 맺어 두 나라 국경을 획정했는데 어얼구나강이 국경 일부가 되었다. 강 북쪽은 러시아다. 어얼구나강은 폭이 넓지는 않으나 길이가 1,620킬로미터다. 부여족, 선비족, 거란족, 몽골족, 만주족 등 북방 민족에게는 생명의 강이었을 것이다. 특히 이곳은 몽골족 발상지다. 『몽골비사』에 나오는 에르구네강이 어얼구나강이다. 대초원을 차지하기 위해 이들 사이에 치열한 경쟁이 있었기에 그만큼 숱한 역사를 품고 흐르는 강이다.

나무 계단으로 습지 가까이 내려갔다. 멀리 투망하는 사람들이 보인다. 인적이 드문 곳이니 아마도 물 반, 고기 반일 것이다. 안에 들어가지 못해 습지 식생을 알 수는 없으나 우리 창녕 우포늪처럼 다양하지는 않은 것 같다. 더운 날씨라 땀이 흐르고 목이 마른다. 누군가가 자작나무 잎을 씹으면 갈증도 가시고 피로 해소에도 도움이 된다고 한다. 구경 온 사람들이 너무 많다.

어얼구나습지를 떠나 2차선 도로를 한 시간쯤 달려 백화풍경구(白樺風景區)에 도착했다. 백화는 우리나라에서 자작나무 또는 사시나무라고 한다. 풍경구는 중국에서 경치 좋은 관광지를 일컫는 말이다. 이곳이 자작나무 원시림이란다. 사람들이 많이 찾는 탓에 원시림이라고 할 수는 없다. 죽죽 뻗은 자작나무들이 볼 만하다. 한 뿌리에서 줄기 열 개가 솟은 자작나무가 대표 상품(?)인

어얼구나습지

지 푯말이 세워져 있다. 이 나무를 배경으로 모두 기념사진을 찍는다. 자작나무 주위에는 둥굴레 군락이다. 눈에 좋다는 둥굴레차 말이다. 아무리 살펴보아도 산삼은 없다. 하긴 이 북쪽에 산삼이 있겠는가. 자작나무 껍질은 오랫동안 썩지 않는 것 같다. 등걸을 밟아보니 푸석푸석한데 껍질은 말짱하다. 그래서 신라 사람이 자작나무 껍질에 천마도를 그려 오늘날까지 전해지는가 보다.

자작나무 숲에서 잠시 쉬는 동안 놀라운 얘기를 들었다. 일행 중 한 분의 시댁이 홍경래 직계 후손이라고 한다. 홍경래가 누구인가? 1811년(순조 11) 평안도에서 세도정치, 삼정의 문란, 지역 차별 등 부패한 조선을 뒤엎고자 봉기한 '홍경래 난' 주모자다.

소위 역적이다. 역적은 삼족을 멸했는데 어떻게 후손이 살아남았을까? 아마도 민중들에게 그는 영웅이었을 것이다. 그렇기에 그 후손을 누군가가 숨겨주었고 오늘날 반듯한 가문을 유지할 수 있었을 것이다. 박길란 선생에 의하면 시댁 사람들은 홍경래 후손임을 자랑스럽게 여긴다고 한다. 1812년 홍경래가 전사한 후 107년이 지난 1919년 3·1운동에 그의 후손 한 사람이 민족대표 33인에 이름을 올렸다.

『홍경래의 난』이라는 소설이 오마이뉴스에 연재되어 책으로 나왔고 최인호 소설『상도』에도 홍경래가 등장한다. 사실 홍경래는 실패했지만 영웅이었다. 조선왕조에서 여러 번 반란이 있었다. 그중에서 조선왕조 자체를 뒤엎고자 맞짱 뜬 사람은 홍경래가 유일하다. 동학농민혁명도 임금은 그대로 두고 혁명하자는 것

줄기가 10개인
자작나무 앞에 선 필자

이었다. 홍경래 난을 지금은 '평안도농민전쟁'으로 부르기도 한다. 홍경래 후손의 존재는 승자의 관점에서만 역사를 바라볼 수 없는 대표적인 사례일 것이다.

자작나무 숲에서 오늘 저녁 숙박할 예정인 근하(根河)시 외곽에 있는 에벤키족 아오루구야 민속촌까지는 150킬로미터 정도다. 근하를 따라 관목으로 꽉 찬 널찍한 계곡이 이어지고 계곡 양쪽 산은 자작나무와 전나무 원시림이다. 엄청난 삼림욕장이다. 산기슭을 따라 숲속으로 난 2차선 도로를 달리는데 차량 통행량이 의외로 많다. 4차선 확장공사가 진행 중이다. 일정한 간격을 두고 호돌이 모양 안내판이 계속 나타난다. 아마도 이 지역에 예전에는 곰도, 호랑이도 많았을 것이다. 옛날 이곳 사람들의 생업은 사냥이었을 것이다.

원시림 숲길을 빠져나오자 근하시 초입이다. 널찍한 들이 나타나고 이어 들판 전체가 유채밭이다. 농가 몇 채가 보일 뿐인데 이 넓은 들판에 누가 씨를 뿌렸고 누가 수확할 것인지? 일행들이 유채밭을 배경으로 사진 찍기에 바쁘다. 도로 옆 밭가에서 꿀을 팔고 있다. 맛을 보니 유채꿀 맛이 정말 꿀맛이다. 저녁 식사 전에 일행들이 나누어 먹고 피로 해소에 도움이 될까 싶어 한 병 샀다.

에벤키족 민속촌에 도착했다. 민박으로 운영되는 숙소다. 건물 외형은 현대식으로 반듯하고 중앙에 잘 다듬은 광장이 있다. 박물관, 기념품 가게, 식당 건물이 근사하다. 벽돌 공장도 있다. 에벤키족은 순록 방목이 생업인데 중국 정부에서 통치 편의상 사람

근하시 초입 유채밭

을 한곳에 모은 마을이다. 그러나 여전히 순록을 방목하는 눈치다. 건물마다 채소밭이 딸려 있는데 조선파, 마늘, 고추 등을 키우고 있어 우리 텃밭과 똑같다. 이 북만주 오지에 우리 재래 채소가 있다니! 에벤키족 전통가옥은 미국 인디언의 원뿔형 티피와 같은데 기념품 가게 건물도 티피 모양이다.

숙소를 정해주는 젊은 여자는 우리가 한국 사람이라고 하자 "안녕하세요?"라고 인사한다. 얼마나 놀랐는지! 십대 딸이 한류에 푹 빠져서 인터넷으로 한국말을 배우고 있단다. 대흥안령산맥 오지에서 우리말을 공부하는 이 소녀를 보지는 못했다. 어느 책에는 에벤키족이 흑수말갈 후예라고 되어 있다. 최근 에벤키족이 우리와 민족적 친연성이 높다는 보도도 있었다. 숙소 앞 벤치에서 에벤키족 노인이 잣을 까먹고 있는데 그 모습이 우리 시골

할아버지들과 똑같다. 맛보라고 권하는 잣 알갱이 크기가 우리네 잣의 반 정도다. 아주 고소하다.

마을 중앙에 있는 식당은 협소하다. 좌석이 마땅하지 않아 가벼운 실랑이가 있은 다음 겨우 일행이 함께할 수 있는 좌석이 마련되었다. 역시, 주문은 이덕일 소장 몫이다. 순록의 고장이라 순록탕과 구워 말린 순록 고기와 다른 요리를 주문했다. 순록 고기가 우리 입맛에는 맞지 않나 보다. 닭도리탕과 감자볶음은 집에서 먹는 맛 그대로다.

이 마을에서 2012년에 9개 나라가 참가한 세계 순록 사육자 대회가 열렸다고 한다. 순록의 고장에 왔지만 정작 순록은 보지 못했다. 손질이 잘된 순록 가죽을 팔고 있는데 색깔이 아주 곱고 부드럽다. 이곳은 겨울이 길고 추위가 혹독해서 접근이 어려운 곳이다. 여름인데도 민속촌 옆 개울물은 매우 차다. 민물고기도 보이지 않는다. 여름 한 철 장사로는 민속촌이 수지가 맞지 않을 것이다. 주변 평지에 심은 작물은 대부분 감자다. 옥수수는 보이지 않는다. 옥수수 재배 북방한계선을 넘은 곳이리라.

우리 누렁이 닮은 개 한 마리가 어슬렁거리면서 일행을 따라다닌다. 잠자리는 영 시원하지 않다.

7

아리수, 아사달, 태백산, 동굴, 마을!

근하시 아오루구야 민속촌에서 200킬로미터를 이동해서 알선 동굴을 답사한 다음 악륜춘족 박물관을 관람하고 50킬로미터를 달려 자거다치시에서 하룻밤을 지내는 것이 오늘 일정이다. 이 지역은 대흥안령산맥 동북 지역이고, 여전히 호륜패이초원의 일 부이며, 행정구역은 악륜춘족 자치현이다. 지난 3일 밤을 다소 불편하게 지냈다. 오늘 밤 숙소는 오성급 호텔이라고 한다.

근하시를 출발하면서부터 도로 양편은 원시림으로 꽉 찬 높직한 산이다. 널찍한 계곡은 감자밭이거나 관목 숲이다. 왕복 2차선 도로인데 철도와 거의 나란히 달린다. 지도를 보니 이 철도는 서쪽으로 우리가 지나온 아극석을 거쳐 서북으로 만주리에 이어지고, 아극석에서 남쪽으로 치치하얼로 연결된다. 동쪽으로는 오늘 우리가 묵을 자거다치로, 거기서 남쪽으로 눈강, 치치하얼, 대경 (大慶)을 지나 하얼빈으로 간다. 제법 큰 마을들이 드문드문 나타

에벤키족 민속촌
건물과 티피

난다. 감하(甘河), 길문(吉文), 철고아(鐵古牙), 화해(和諧) 등이다. 임업을 관장하는 행정관청이 길문에 있고, 각 마을에 기차역이 있다. 역 주변에 목재가 산더미처럼 쌓여 있다. 전나무다. 철도가 이 목재들을 대도시까지 실어 나를 것이다. 중국의 유명한 목재 생산지인가 보다. 가축 떼는 보이지 않는다.

길문을 지나는 길에 연변 구육(狗肉)이라는 간판을 단 식당이 보인다. 연변 구육은 우리 부여족들이 많이 사는 연변에서 먹는 개고기 요리일 것이다. 여기에도 우리 부여족이 사는지 알 수 없지만, 개고기 요리법은 우리와 중국이 확실히 다른 모양이다.

숲길을 한참 달리자 아리하(阿里河)까지 190킬로미터라고 쓰인 표지판이 나타난다. 어! 어디서 많이 듣던 강 이름 아닌가! 하(河)를 수(水)로 바꾸면 '아리수'다. 이 북만주 흑룡강성 북쪽에 아리수라니! 아리수는 큰 강이라는 뜻이고 우리말로는 '아리 가람'이다.

단재 신채호 선생과 위당(爲堂) 정인보(鄭寅普, 1893-1950 납북) 선생은 송화강, 압록강, 한강, 낙동강이 두 상고시대에 아리수였다고 1930년대에 밝혔다. 민족이 이동하면서 새로 정착한 곳에 예전에 살던 곳의 지명을 붙인 것이다. 영국 사람들이 신대륙으로 이주한 후 영국 York를 신대륙에 이름 붙인 것이 지금의 New York, 새로운 York인 것과 같은 이치다. 이 강들이 모두 옛날에 아리 가람이라는 사실은 우리 부여족이 이 멀고 먼 북만주에서 남하하여 낙동강까지 이르렀다는 증거일 것이다. 하긴, 백제 성왕(재위 523-554)은 나라 이름을 아예 남부여로 바꾸었다.

아리하는 강 이름이면서 도시 이름이다. 아리하시에 도착했다. 차에서 내리니 동서로 난 대로 이름이 조양로(朝陽路)라고 쓰인 표지판이 제일 먼저 눈에 들어온다. 조양이 무슨 뜻인가? '아사달'이 아닌가! 아사달은 '아침에 해가 제일 먼저 비치는 곳'이라는 뜻이다. 조(朝)는 아침이지만 우리 옛날 말로는 '아사'다. 양(陽)은 햇볕이다. 아사는 우리말에서 지금 쓰지 않지만 일본 말에 살아 있다. 예를 들면, 조일(朝日)을 일본 말로 '아사히'라고 읽는다. 요녕성에 조양시가 있고, 북경과 하얼빈에도 조양구가 있다. 동행한 권태균 선생은 아리하시에서 좀 더 가면 조양구라는 마을도 있다고 한다. 대부분 지명에는 오랜 연원이 있다. 순수한 우리말 지명이 신라 경덕왕 때 한문 표기로 바뀌었으나 대부분 그대로 살아남았고, 일제 강점기에 다시 한문으로 개명하여 오늘에 이르고 있지만 고향 마을 이름들만 보아도 여전히 여기저기에 그 연원이 남아 있다. 예를 들면 필자 고향의 '숲실' 마을은 행정상 지명이 '임곡(林谷)'이다. 이곳 조양로의 연원이 무엇인지 알 수 없지만, 아리수와 아사달이 같은 곳에 있다는 사실을 우연으로 보기에는 너무 공교롭다.

'조양'이라는 지명이 중국에 분포된 지역을 상세하게 연구하면 부여족의 상고시대 역사와 활동 영역을 명확하게 추적할 수 있을지도 모를 일이다. 조양은 모두 부여족 삶의 터전이었을지도 모른다.

아리하시에서 북쪽으로 20킬로미터 정도 떨어진 곳에 알선동굴이 있다. 입구 안내소에서 간이 이동차를 타고 중간에 내려 2킬로미터 정도 걸어가야 한다. 높지 않은 산이 동, 서, 북으로 둘러져 있고, 남쪽으로는 트여 있는 넓은 계곡이다. 보이지는 않으나 풍광이 좋은 호수도 있다고 한다. 계곡 가운데로 시냇물이 흐른다. 시골 출신 필자가 보기에는 사람이 살기에 아주 좋은 지형이다. 걸어가는 길 양쪽에 돌로 울타리를 만들어놓고 거기에다 여러 종류의 부조를 쭉 새겨놓았다. 주로 동물과 불상 등인데 자세히 알 수는 없으나 지난해 중국 산서성 북위(北魏) 유적을 답사할 때 본 석관 부조와 비슷한 느낌이다. 알선동굴은 동쪽 산자락에 있다. 계곡 북쪽에 있는 산이 이륵호리(伊勒呼里)산이다. 어! 그런데 이 산의 가장 큰 봉우리가 태백산(太白山)이다. 아리수, 아사달, 태백산, 큰 동굴. 무언가 정말 이상하지 않은가?

동굴은 입구 높이가 15미터 정도이고 내부는 약간 오르막이다.

길이는 90미터, 폭은 30미터 정도다. 약 천 명이 들어갈 수 있는 대단히 큰 자연 동굴이다. 안이 캄캄해서 반드시 전등이 있어야 한다. 바닥이 바위이기 때문에 조심해서 걸어야 한다. 전등은 안내소에서 빌려준다. 석기시대부터 철기시대까지의 유물이 발견되었다고 한다. 우리 역사에서 동굴 이야기가 여러 번 나온다. 곰이 여자로 변한 곳, 고구려 국내성 근처 동굴, 묘향산 단군굴 등이다. 대부분 신성한 곳으로 여겼다.

지역 향토사학자가 이 동굴의 유래를 밝힌 비석을 1980년에 발견하여 세상에 알려졌다. 중원을 통일하여 5호 16국 시대를 마감하고 북위(386-534, 12대 149)를 건국하여 남북조 시대를 연 탁발선비(拓拔鮮卑)족 발상지가 이 동굴이다. 북위 3대 황제 태무제 탁발도(재위 423-452) 4년에 이 지역에 살던 오락후족이 태무제에

알선동굴 입구

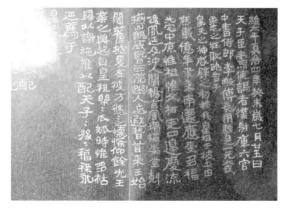

알선동굴 비문

게 사신을 보내 알선동굴이 선비족 발상지라고 알려주었다. 태무제가 신하를 보내 하늘과 조상에 제사를 지내고 제사 축문을 돌에 새긴 것이 발견된 비석이다. 선비족이 정확하게 언제 알선동굴을 떠났는지는 알 수 없지만 호륜호, 시라무렌강과 음산산맥을 거쳐 3세기 중엽에 지금 내몽고 지역으로 이동한 것으로 사서에 나타난다. 고향을 떠난 지 오래되어 선비족들이 자신의 근원을 잊었을 것이다. 북위는 한화(漢化) 정책을 강력하게 실시했고, 효문제(재위 471-499)는 탁발 씨에서 원(元) 씨로 성도 바꾸었으니 근본을 지키는 데 소홀했을 것이다.

선비족은 우리 부여족과 민족적인 친연성이 강했다. 『단군세기(檀君世紀)』에 의하면 15대 단군 대음(代音)은 동생 대심(代心)을 남선비(南鮮卑) 대인(大人)으로 봉했다. 대인은 군주라는 뜻이다. 북위는 고구려와 잘 지냈다. 『삼국사기』 「고구려본기」는 태조대왕 69년(121)에 고구려가 선비족 군사 8천 명과 함께 후한의 요대현

(지금 요녕성 서쪽)을 공격하자 요동태수 채풍이 싸우다 전사했다고 전한다. 이 사실은 중국『후한서(後漢書)』에도 그대로 기록되어 있다. 북위 7대 황제 효문제의 부인인 문소황후 고(高)씨가 고구려 황실 출신이다. 이 여자가 낳은 아들이 다음 황제 선무제(재위 499-515)다. 선무제는 즉위 후 외삼촌 두 사람을 고구려에서 모셔왔는데 이들은 북위 조정을 장악하고 그 후손들이 계속 번성했다. 고구려 사람이 북위에 와서 정치하는데 통역이 있었을까? 필자의 생각으로는 선비족 말과 고구려 말은 서로 방언 정도 차이여서 통역 없이도 의사소통이 가능했을 것이다. 이는 어디까지나 가설이지만 충분히 연구해볼 만한 가치가 있다.

서기 534년 북위는 동위(東魏)와 서위(西魏)로 분열한다. 다시 서위는 우문(宇文)씨 북주(北周, 557-581)로, 동위는 고(高)씨 북제(北齊, 550-577)로 이어진다. 북주에서 양견(楊堅)이 나와 수나라를 건국하여 중국 전역을 통일하고, 이어 수양제가 고구려 정벌에서 대패해 나라가 망했다. 이어 이연(李淵)과 이세민(李世民) 부자가 당(唐, 618-907)을 세운다.

그런데 북제를 세운 고(高)씨는 효문제 외삼촌 후손인 고구려 고(高)씨일 가능성이 크다. 역시 연구 과제다. 중국 역사서들은 북제 고씨를 한족이라고 꼭 강조한다. 굳이 강조하지 않아도 문제가 없는데도 불구하고. 그러니 한족이 아닐 가능성이 크다. 고구려 왕실의 후예라면 부여족이 중원에 왕조를 건설하지 못했다는 인식이 깨지게 된다. 북제 수도는 하남성 업성이었는데 삼국시대

조조가 건설한 도시다.

선비족은 지나친 한화 정책으로 역사에서 사라진 민족이지만 이들이 중국 역사에 미친 영향은 엄청나다. 균전제, 부병제, 율령제 등 중국 왕조들이 금과옥조로 여긴 제도들이 북위에서 시작되었다. 수나라 양견도, 당나라 고조 이연도 모두 선비족이다. 당나라가 한족 나라라고 하지만 황제를 비롯한 지배층은 선비족이었다. 이들 지배층이 당시 관중과 롱서 지역 출신이어서 중국 역사 학계에서는 '관롱집단'이라고 하지만 '선비집단'이 더 정확한 표현일 것이다. 탁발(拓跋), 보륙(普六), 장손(長孫), 독고(獨孤), 우문(宇文), 모용(慕容), 대야(大野), 두(竇), 단(段) 등은 대표적인 선비족 성씨들이다. 원(元)은 북위 황성 탁발을 바꾼 성이고, 이세민의 이(李)는 원래 대야씨다.

아리하시로 돌아와서 악륜춘족 박물관 건너 식당에서 늦은 점심을 먹었다. 김치(중국 말로 파오차이)가 있다고 했지만 정작 나온 것은 짠지였다. 점심 후에 박물관을 관람했는데 악륜춘족의 문화를 보존하려는 노력이 진하게 나타나 있다. 순록을 키우는 모습, 호랑이와 곰 사냥 장면, 원뿔형 주거, 옷, 사냥 도구 등을 잘 전시해놓았다. 사슴 머리에 장식을 두른 모자가 약간 괴이하지만 아름답다. 이 모자는 오란호특의 대흥안령박물관에서 본 것과 똑같다.

박물관 가까운 곳이 시장이다. 참외, 토마토, 수박 등이 지천이다. 야생 블루베리가 이 고장 특산인가 보다. 그런데, 우리 것과

사슴 뿔을 활용한 모자

똑같은 조선파, 마늘, 토종 오이(노각)가 2,000킬로미터나 떨어진 이곳 흑룡강성 북쪽 아리하시 시장에 그대로 있지 않는가! 어제 에벤키족 마을 채소밭에서도 이들 채소를 보았다. 이를 어떻게 설명할 수 있을까?

이곳은 우리와 친연성이 강한 선비족의 발흥지다. 아리수, 아사달, 태백산, 큰 동굴, 호랑이, 곰, 마늘이 있는 고장이 바로 여기다. 쑥은 어느 곳에나 있다. 부여족의 시원이 여기인가?

8

만주 독립군들이 즐겨 부른 노래 「찔레꽃」

자거다치는 대흥안령산맥 동북 고원 남쪽 끝자락에 있는 쾌적하고 아담한 도시다. 우리가 묵은 호텔은 서울 고급 호텔 못지않게 깔끔하고 분주하다. 사업상 출장 와서 이 호텔에 묵는 사람보다는 피서 차 온 사람이 더 많아 보인다. 어젯밤 일행들이 시내 구경을 나갔으나 필자는 밀린 빨래도 하고 푹 쉬었다. 사실 하룻밤 사이에 빨래가 마르지 않을 수도 있으나 다림질을 해서 널어놓으면 아침에 문제가 없다. 지난 3일 동안 잠자리가 불편했는데 오늘 아침에는 아주 상쾌하다.

호텔 로비에 블루베리를 가공한 제품 상자들이 잔뜩 쌓여 있다. 아리하시, 어얼구나시, 자거다치시에도 블루베리가 지천이다. 호륜패이초원 동북, 산과 구릉이 많은 이 지역의 특산품 중 하나가 야생 블루베리임이 확실하다. 시력이 좋지 않은 사람들에게 블루베리는 최고 식품이다. 참 이상하다는 생각도 든다. 주몽이 어릴 때부터 블루베리를 많이 먹어 시력이 너무 좋아 백발백 중 명궁이었던가? 고구려 시조 주몽이 노닐던 북부여에는 이곳도 분명히 포함되었을 것이다.

자거다치를 출발해서 대흥안령산맥 남쪽 기슭을 내려가 눈강현(嫩江縣)까지 230킬로미터, 다시 치치하얼까지가 250킬로미터, 오늘 대략 500킬로미터를 달려야 한다. 고속도로가 아니고 시골길이라 눈강현까지 시간이 얼마나 걸릴지 모른다고 안내하는 오선생이 얘기한다.

자거다치를 출발하자 계속 시골길이다. 폭은 넓은 시골길인데 여기저기 공사가 진행 중이다. 길 양쪽으로 산이 계속되고 중간의 평지가 넓어졌다 좁아졌다 반복된다. 산 일부에 나무들이 울창하다. 원시림은 아닌 듯하다. 대흥안령산맥 남쪽으로 내려가는

자거다치시

길인데 경사는 거의 느낄 수 없다. 백화(白樺)를 지나 조금 더 가자 생각지도 않았던 고속도로로 들어선다. 중국 전역이 공사판이다 보니 동행한 오 선생도 고속도로가 뚫렸는지도 몰랐던가 보다. 자거다치에서 약 80킬로미터 떨어진 오로포철(烏魯布鐵) 근처부터 산이 사라지고 약간 비스듬하게 경사진 들판이 시작된다. 간혹 감자밭이 있으나 온통 옥수수로 들판이 빽빽하다. 강우량이 많지 않은 지역이지만 비스듬한 들판이 마주치는 곳에는 어김없이 조그마한 도랑이 형성되어 있는데 흐르는 물은 별로 없다.

조금 더 가서 대양수(大楊樹)라는 제법 큰 도시 근처부터 다시 대평원이다. 옥수수밭과 콩밭이다. 독립투사 희산 김승학 선생은 회고록 『망명객행적록(亡命客行蹟錄)』에서 "만주에서 일제에 쫓기자 옥수수밭에 숨어들어 며칠을 지낸 후 무사했다"라고 회고하셨다. 사실 우리나라에서 옥수수밭에 숨어 목숨을 건진다는 것은 상상이 안 된다. 그러나 끝이 보이지 않는 이곳 옥수수밭에 숨어들면 어찌 찾아내겠는가! 이 지역은 행정구역상으로는 아직도 내몽고자치구다. 고속도로는 감하(甘河)라는 강과 나란히 계속되는데 이 강은 눈강과 합류한다. 눈강은 송화강과 합수하여 흑룡강으로 흘러들어 간다.

옆 좌석에 앉은 김동환 선생이 계속 우리 가요 「찔레꽃」을 흥얼거린다. 이 노래는 필자도 노래방에 가면 자주 부른다. 가사가 다소 신파조이지만 곡조는 참 애잔한 고향을 그리는 노래다. 찔레꽃을 좋아하느냐고 물었더니 이 노래가 대일항쟁기 만주 우리 독립군들이 즐겨 부른 노래라고 한다. 정말 뜻밖이다. 가수 백난아 씨가 부른 노래인데 2절까지만 있는 줄 알았는데 3절도 있단다. 3절 가사를 적어달라고 청했다.

연분홍 봄바람이 돌아드는 북간도
아름다운 찔레꽃이 피었습니다.
꾀꼬리 중천에 떠 슬피 울고
호랑나비 춤을 춘다. 그리운 고향아

「찔레꽃」 1절 가사 중에서 "자주 고름 입에 물고 눈물 젖어, 이별가를 불러주던 못 잊을 사람아"는 독립전쟁에 투신하고자 고향을 떠나는 젊은이가 사랑하는 사람과 이별을 회상하는 가사다. 2절 가사 중에서 "작년 봄에 모여 앉아 백인 사진을 하염없이 바라보니 즐거운 시절아"는 고향을 떠나온 다음 해에 고향을 그리는 모습일 것이다. 3절은 좀 세월이 지나 독립군이 북간도에서 고향을 그리워하는 내용이다.

필자가 버스 안에서 일행들에게 3절까지 「찔레꽃」을 불러주자 모두 좋아한다. 그런데 우리나라 노래방 반주기에는 2절까지밖에 없다. 애잔한 노래에 이런 사연이 있는지는 정말 몰랐다. 「찔레꽃」 외에 고복수 씨가 부른 「사막의 한」, 최병호 씨가 부른 「아주까리 등불」도 비슷한 분위기의 노래라는 게 김동환 선생의 설명이다.

눈강현 시내로 들어가는 다리는 높이 3미터 이상 되는 차는 통과하지 못하도록 막아놓았다. 무슨 이유가 있겠지만 중국에서는 걸핏하면 길을 막아 돌아가는 고생이 답사 때마다 심하다. 불평할 곳도, 물어볼 곳도 없다. 우리와는 영 딴판이다. 여기서 부여 유적지를 답사하는 것이 목적인데 물어물어 돌고 돌아 8년 전 이곳에 왔던 권태균 교수의 기억을 더듬어 눈강가 어느 곳까지 갔지만 부여 유적지가 보이지 않았다. 이 유적지는 동행한 권태균 교수가 8년 전 우연히 지방 박물관 도록에서 발견해서 우리나라에 알려졌다. 여러 현지 주민들에게 물어도 아는 사람이 없다. 다행스럽게도 8년 전 부여 유적지 사진을 찍어 이덕일 소장이 책에 실었다. 동북공정 탓인지, 아니면 근처에 새 다리를 놓아 지형이 변한 탓인지 알 수 없으나 도저히 찾을 수 없다. 8년 전 겨울 이곳에 왔을 때는 주위가 눈으로 덮여 있었는데 이곳에는 눈이 없었다고 한다. 고대 사람들이 터를 잘 잡았던 모양이다.

권태균 교수와 임찬경 박사가 택시를 빌려서 더 찾아보기로 하고 나머지 일행들은 근처 식당에서 점심을 해결했다. 이상하게도 지금까지 답사한 북만주 지역의 물은 센물이었는데 여기는 단물이다. 센물에는 비누가 단번에 씻기지만 단물에는 그렇지 않다. 점심을 먹고 있는데 소나기가 순식간에 장대같이 쏟아진다. 평원의 소나기는 정말 무섭다. 뇌성벽력이 무시무시하다.

날이 개자 두 분이 돌아와서 결국 부여 유적지를 찾지 못했다고 한다. 안타깝다. 치치하얼 북쪽 250킬로미터, 내몽고자치구와 흑룡강성 경계에 부여의 유적지가 있었다니 우리네 역사 상식으

부여 유적지 표지석

로는 짐작도 못 한 사실이다. 이곳은 며칠 전에 답사한 부여 유적인 길림성 백성시의 한서유적지와 위도가 비슷하다. 여기 북쪽까지도 상고시대 우리 민족 국가 부여의 강역이니 장춘 이북 좁은 지역이 부여였다는 식민사학자(일제 총독부 사학자)들 주장이 거짓말임을 확실히 알겠다. 부여의 강역은 광활했고, 고구려 유리왕이 태자 해명에게 부여가 무섭다고 한 말이 맞는 것 같다.

부여 유적지가 있었던 것으로 생각되는 곳은 눈강 북쪽인데 남쪽에 역참(驛站)박물관이 있다. 최근에 건립된 것으로 보인다. 오늘날과 같은 통신수단이 없었던 옛날에는 역참이 국가를 통치하는 신경망과 같은 역할을 담당했다. 칭기즈칸의 대몽골제국도 역참을 통해서 통치했다. 역참이 무너지자 이어 제국도 무너졌다. 조선도 역참을 잘 활용했다. 지금 우리나라의 지명 중에서 원(院)자가 붙은 곳은 옛날 역참이었다. 예를 들면 조치원, 홍제원 등이다.

역참박물관에 들어서자 이곳은 상고시대 숙신(肅愼)의 땅이라고 소개하고 있다. 숙신은 조선을 중국인들이 한문으로 표기한 것이다. 황순종 선생이 『식민사관의 감춰진 맨얼굴』에서 중국 역사서를 면밀히 검토하여 조선, 동호, 숙신이 모두 같은 민족을 지칭하는 명칭임을 밝혔다. 이 지역의 예전 이름이 묵이근(墨爾根)인데 몽골 발음으로는 모얼근이다. 그 뜻이 선사자(善射者)라고 적혀 있다. 선사자는 활의 도사, 즉 명궁이라는 뜻이다. 주몽이 바로 선사자다.

이 박물관은 청나라 강희제 연간에 흑룡강성과 연경을 연결하는 역참을 관리하던 내용을 잘 전시하고 있고, 고대 중국 주나라 이래 역참제도의 진화 내용도 설명하고 있다. 특이하게도 임진왜란 때 명나라 장수로 참전한 이여송이 사용하던 요령이 이곳에 전시되어 있다. 요령을 흔들면 딸랑딸랑하는 소리가 나고, 이 소리를 듣고 말이 주인에게 걸어온다고 한다. 항상 말을 끌고 와서

역참박물관에 게시한
눈강현 소개 자료

대령하는 줄 알았다. 이여송은 그 선조가 조선 사람이다.

박물관 앞 광장에 초기 역참 관리 총책임자 최지번(崔枝藩) 흉상이 있다. 이 사람은 나중에 청나라 장관급인 2품직까지 오른 사람인데 중국에서 눈강 최씨 시조라고 소개되어 있다. 후손들은 이 지역에 대대로 터를 잡고 살았고 그들 유품 역시 박물관에 전시되어 있다.

중국에 최씨가 옛날부터 있었다고는 하나 최근 중국에서 출세한 사람 중에 최씨를 본 기억은 없다. 그런데 흉상의 뒷면에 최지번 선조 고향이 산동성 등주라고 되어 있다. 등주는 옛날 신라 사람들이 많이 살던 곳이다. 장보고도 등주를 근거지로 했고, 신라 사람들 거류지인 신라방이 있었다. 아마도 그는 신라 경주 최씨 후예일 가능성이 크다. 사실이라면 이 최씨 일족은 구석진 경주에서부터 산동성, 흑룡강성 등으로 대를 이어 성공한 삶을 개척한 셈이다. 우리 역사는 대륙성과 해양성을 아우를 때 융성했다.

최지번 흉상

최씨 일가 얘기는 우리 역사에서 대륙성과 해양성을 표상하는 개인사일 가능성이 크다.

부여 유적지를 답사하지 못한 아쉬운 마음으로 눈강현을 뒤로하고 고속도로를 달려 남쪽 치치하얼로 향했다. 고속도로는 거의 직선이다. 주위는 지겨울 정도로 옥수수밭의 연속이다. 버드나무 가로수 숲이 나타나기 시작한다. 대흥안령산맥을 완전히 내려와서 다시 송눈평원에 들어선 것이다. 평원인데도 농사짓기 어려운 저지대와 습지 중간쯤 되는 곳이 단속적으로 나타난다. 이런 지대에는 어김없이 가축들을 방목하고 있다. 소와 양 떼다. 땅이 상상을 초월할 정도로 넓지만, 농지를 아끼려고 저지대에만 가축을 방목하는가 보다. 이곳 북만주는 농사와 목축을 병행하는 지역임을 확실히 알겠다.

치치하얼 북쪽 70여킬로미터에 이르자 부유(富裕)시라는 표지판이 보인다. 부유시 역시 우리 선조들의 나라 부여에 그 연원이 있을 것이다. 부유시 근처부터 다시 드넓은 논이 나타나기 시작한다. 부유시가 논농사 북방한계선일 것이다. 이 논들은 민족 수난기 우리 선조들의 피땀 어린 소산이다.

치치하얼 호텔에 오후 6시경에 도착했다. 이곳은 큰 도시고 부여족이 제법 많이 살고 있어 한국식당도 있다고 한다. 물어서 전주식당을 찾았는데 한족이 경영하는 짝퉁 한국식당이었다. 돌솥비빔밥을 주문했더니 모양은 그럴듯하지만 맛은 짐짐하다. 반찬도 우리 맛이 아니다.

9

꿈에 금나라 태조를 만나 절하다

치치하얼을 출발해서 남쪽으로 350킬로미터 달려 하얼빈에 도착하는 것이 오늘 일정이다. 치치하얼에 고구려 토성 유적이 있다고 해서 답사하기로 되어 있었으나 도시 개발 등으로 찾기가 어려워 포기했다. 중국은 고조선, 부여, 고구려, 발해 유적이 자기들에게 크게 중요하지 않거나 동북공정에 장애가 되면 보호하지 않는다.

치치하얼 시가지를 벗어나자 어제 보았던 풍광이 계속된다. 옥수수밭과 볏논이 교대하듯이 이어지는 녹색 대평원이 시원하다. 단조롭기도 하다. 사실 다양한 아름다운 풍광을 감상하는 것이 여행의 큰 재미 중 하나인데 대평원이 계속되어 이런 재미는 없다. 미국 유학 중에 대륙을 자동차로 횡단한 친구는 중부 대평원 밀밭 속을 몇 시간 계속 달렸더니 술 취한 듯 얼얼하더란다. 고속도로에 연결된 도시들은 대부분이 중국식 이름이 아니고 몽골족과 만주족 이름인 것 같다. 필자가 이들 언어에 대한 지식이 없어 정확하게 알 수 없다. 도시 이름이 북방 민족 말이니 이 지역은 그들의 활동 무대였지 한족이 놀던 땅이 아니었다.

옆자리 김동환 선생이 '우리 시인들이 뽑은 가사가 가장 아름다운 가요'가 무엇인지 묻는다. 김 선생도 조금은 지루한가 보다. 가요 변천사를 한 학기 강의한 적이 있다고 한다. 제목 몇 개를 들었더니「봄날은 간다」라고 한다.

부질없이 흘러가는 세월에 한이 섞인 가사인데 필자 역시 아름다운 가사라고 생각하던 노래다. 그러나 곡조는 좀 축 늘어진 그런 노래다. 그런데 이 노래도「찔레꽃」처럼 가사가 3절까지 있다고 한다. 물론 노래방 반주기에 3절은 없다.

열아홉 시절은 황혼 속에 슬퍼지더라.
오늘도 앙가슴 두드리며
뜬구름 흘러가는 신작로 길에
새가 날면 따라 웃고 새가 울면 따라 울던
얄궂은 그 노래에 봄날은 간다.

가사를 다 아는 필자는 버스 안에서 일어서서 3절을 불렀다. 일행 모두가 즐거워하면서 3절이 있는지 몰랐단다. 김동환 선생은 역시 3절까지 불러야 제맛이 난단다. 이 노래는 원래 배우 황해 씨 부인이고 전영록 어머니인 백설희 씨가 부른 노래인데 장사익

씨가 근래에 다시 불러 유명해졌다. 우리 아버지들 세대가 가장 애창하던 노래 중 하나다.

어! 그런데 일행 중에 박길란 선생이 자청해서 앞으로 나와 필자 수첩에 적혀 있는 가사 3절을 보면서 「봄날은 간다」를 열창한다. 좀처럼 사람들 앞에 나서지 않는 분인데 모두 깜짝 놀란다. 사연인즉 3절 가사가 절절히 가슴에 와닿는다고 한다. 특히, 앙가슴 두드리는 여자의 마음은 우리네 어머니들의 모습이 아니겠느냐고. 앙가슴은 가슴 한가운데를 의미하는 우리말인데 필자도 처음 알았다. 아름다운 우리말이 얼마나 많은데 요즈음 거리나 방송에서 온통 외국어 투성이니 세계화 탓이라고 하지만 정말 씁쓸하다. 배운 사람들일수록 더 심하다. 우리말을 갈고닦는 노력이 절실하다.

북방 민족 말로 이름 붙인 도시들을 몇 개 지나니 대경(大慶)이라는 한족 이름 도시가 나타난다. 이 도시 이름의 연원은 알 수 없지만 큰 경사라는 뜻이 아닌가. 대경은 중국 최대 유전이 있는 곳이다. 1960년대 대경에서 생산된 원유가 중국 에너지 수요 대부분을 충족했다. 유전이 터졌으니 그야말로 큰 경사였을 것이다. 소위 '대경에서 배우자'는 중국 공산당 경제발전 구호 진원지가 여기다. 여기에서 생산된 기름을 중국은 '동무국가' 북한에 국제가격보다 싼 값으로 공급했다. 며칠 전 길림성 백성시 지역을 지날 때도 유전을 보았다. 스쳐 지나가기 때문에 정작 대경 유전시설은 보이지 않는다. 원유 한 방울 나지 않는 우리네로서는 여간

부럽지 않다. 대경 유전을 부러워하면서 북한이나 서해에서 유전이 터지기를 기대해본다.

시간 여유가 있어 하얼빈 가까이 있는 아성의 금나라 유적을 답사하기로 일정을 바꾸었다. 고속도로를 빠져나와 몇 차례 길을 헤맨 후 금나라 상경(上京) 유적지에 도착했다. 금 태조 아골타 능이 있고 상경박물관이 있는 곳이다. 금나라 초기 수도다. 사실 필자는 금나라가 발흥한 지역을 이곳 하얼빈 지역보다 훨씬 남쪽으로 인식하고 있었다. 발해, 요나라, 금나라는 모두 다섯 군데에다 수도를 세웠다. 고구려, 부여, 발해도 전국을 5부로 나누어 다스렸다.

상경성 토성은 매우 넓고 그 유지가 뚜렷하게 남아 있다. 토성 너머로는 역시 끝이 보이지 않는 옥수수밭이다. 성벽 가까운 광장에 상경역사박물관이 있다. 광장에는 아골타 기마상이 우뚝하다. 필자가 본 바로는 낙성대에 있는 강감찬 장군 기마상과 이곳 아골타 기마상이 아시아에서 가장 씩씩하고 멋있다. 정말 애석하게도 박물관 관람 시간이 지나서 내부를 볼 수 없었다. 우리 형제 민족인 여진족이 세운 대제국 유물을 볼 수 있는 절호의 기회를 놓쳤다. 후일을 기약할 수밖에 없다.

발해를 멸망시킨 요(遼, 907-1125)를 정벌하고 금(金, 1115-1234)을 세운 아골타 조상이 고려에서 왔다고 중국 정사인 『금사(金史)』에 기록되어 있다. 우리나라 역사서에는 그의 조상이 평주인 김함보(金函普)라고 적혀 있다. 김함보가 만주로 넘어간 시기는 대략 신라 멸망 직후다. 김함보가 어떤 사람인지에 대해서는 여러 가지 설이 있지만 대체로 신라 왕성인 경주 김씨라는 데는 이론이 없다.

고려 예종 3년(1107) 윤관(尹瓘, ?-1111) 장군이 정벌한 여진족이 바로 김함보 후손들이다. 당시 여진족 군장이 김함보 6대손 오아속(烏雅束)이었다. 윤관 장군이 이들을 평정하고 9성을 쌓았다. 비옥한 땅을 잃은 오아속은 고려에 사신을 보내 "저의 조상은 고려에서 왔고 대대로 고려를 부모의 나라로 섬겨왔습니다. 땅을 돌려주시면 고려 쪽으로는 기왓장 하나 던지지 않고 충성을 다하겠습니다"라고 간청했다. 고려는 정벌했던 땅을 돌려주었다. 얼마 후 오아속이 죽고 그 동생이 뒤를 이었는데 그 사람이 아골타다. 금나라가 한족 송나라를 양자강 이남으로 몰아내고 중원을 제패할 때 사령관은 아골타 넷째 아들 김올출(金兀朮)이었다. 그

금 태조 아골타의 기마상

는 자기 이름을 새긴 사령관 깃발을 앞세우고 전장을 누볐다. "나는 경주 김씨다"라고 선언한 셈이다. 금나라는 나라 이름도 김씨에서 유래한 것이다.

금나라의 왕후 중에는 발해 고왕 대조영 후손인 대씨도 있었다. 금나라 조정 관료 중에도 발해 지배층 출신이 많았다. 심지어 『금사열전』에는 지금의 북경을 신도시로 설계한 사람인 장호가 요양 발해인이며 동명왕 후손(東明王之後)이라고 기록되어 있을 정도다. 아골타는 건국할 때부터 발해와 여진은 같은 뿌리에서 나왔다는 여진발해동본(女眞渤海同本)이라는 기치를 들었다. 따지고 보면 금나라는 신라 왕실 후예와 발해 왕실 후예의 공동 제국이었던 셈이다. 이런 민족적 친연성 때문에 금나라와 고려 사이

금 태조 아골타 능 입구

에는 전쟁이 없었다.

상경 박물관에서 서쪽으로 좀 떨어진 곳에 금 태조 아골타 능이 있다. 능 주위를 최근에 복원한 것으로 보인다. 시간이 어둑해진 탓에 능에 참배하는데 모기들이 극성이다. 아골타의 능은 큼지막한 동산이고 앞에 비석이 세워져 있다. 동행한 임찬경 박사가 금나라 역사를 간략하게 설명한다.

민족주의 역사학자로서 대한민국 임시정부 2대 대통령을 지내시고『한국통사(韓國痛史)』를 저술하신 백암(白巖) 박은식(朴殷植, 1859-1925) 선생 글 중에『몽배금태조(夢拜金太祖)』가 있다. '꿈에 금나라 태조 아골타를 뵙고 절하다'라는 뜻이다. 이분은 유학자인데 모두들 오랑캐로 취급하던 여진족 황제를 뵙고 절했다는 내용이니 가히 혁명적인 사고다. 그러나 민족주의 역사학자들은 여진족을 우리 형제 민족으로 인식하고 있었다. 백암 선생은 아골타를 우리 민족 영웅 중 한 분으로 받아들인 것이다.『몽배금태조』는 꿈에 금 태조와 왜 나라가 망했으며, 앞으로 어떻게 하면 나라를 되찾을 수 있는지를 상의하는 형식으로 된 장문의 글이다. 유학자로서 망국에 대해 처절하게 자신을 반성하는 글이다. 강화도 마니산 개천각에는 우리 민족 영웅들의 초상을 모셔놓았는데 금 태조 아골타도 포함되어 있다. 금 태조 능 앞에서 숙연한 마음으로 두 번 절했다.

이곳 아성은 일제 강점기 애국지사들의 또 다른 한이 서려 있는 곳이다. 이 근처 취원창이라는 곳에 하동농장이 있었다. 대일항쟁기에 고국을 등진 우리 부여족이 일군 농장이다. 만주 독립군 3부 중의 하나인 신민부 또는 정의부에서 만든 농장이라는 설도 있다. 당시 농장은 논이었는데 그 크기가 백 리에 달했다고 한다. 하동농장은 대일항쟁기에 만주에 이주한 우리 부여족이 삶의 터전을 마련하고 독립전쟁 근거지를 마련하는 작업의 일환이었다.

일송(一松) 김동삼(金東三, 1878-1937) 선생 가족은 광복 후에도 귀국하지 못하고 이곳에 살다가 1980년대 중반에 환국했다. 일송 선생은 대일항쟁기에 '만주 호랑이'로 칭송받았고, 특히 독립군 통합에 진력했던 분으로, 1937년 서대문 감옥에서 순국했다. 그의 시신을 만해(萬海) 한용운(韓龍雲, 1879-1944) 스님이 수습했다. "일본에 강토가 유린당한 판에 내가 묻힐 곳이 어디 있겠느냐"고 유언해서 화장 후 그 유해는 한강에 뿌려졌다. 일송 선생은 의성 김씨인데 이 집안에서 무려 54명이 대한민국 정부가 독립투쟁에 헌신한 분들에게 수여하는 훈장과 포장을 받았다. 국난을 당하여 국가와 민족에 헌신한 최고 가문이다. 일송 선생 손자 김중생 씨는 광복 후 중공군으로, 그리고 북한 인민군으로 복무해야 하는 눈물겨운 삶을 살았다. 특히, 일송 선생 자부 이해동 여사는 회고록『만주생활 77년, 난중록』을 남겼는데 남자들 독립투쟁을 뒷바라지하면서 가족을 지켜낸 처절한 기록이다.

백하(白下) 김대락(金大洛, 1845-1914) 선생 후손도 취원창 하동농장에 살았다. 백하는 김동삼 선생과 한 집안이며 상해 임시정부 초대 국무령을 지낸 석주 이상룡 선생 처남이다. 백하는 이상룡, 김동삼과 함께 1907년 자기 사랑채에 협동학교를 설립해서 안동 지역 청년들에게 민족교육을 실시했다. 나라가 망하자 환갑이 지난 노인이었지만 솔가하여 만주로 망명해서 독립투쟁에 나섰고 후손들도 백하의 뜻을 이었다.

금 태조 능을 참배하고 숙소로 가는데 앞에 시내버스가 지나간다. 그런데 시내버스 노선이 '아성에서 평산(平山)'으로 되어 있다. 금 태조의 시조인 김함보는 황해도 평주(平州) 출신인데 평주는 조선 태종 때 평산(平山)으로 개명되었다. 평산이란 지명이 흔하지 않은데 금나라 발흥지인 이곳 아성에 하필 금 태조 선조 고향인 평산이란 지명이 있으니 신기하다. 우연의 일치라고 보아 넘겨야 하는가?

하얼빈 시내

하얼빈 시내 밤 풍경은 정말 활기차다. 매운 사천식 요리로 저녁을 먹고 시내 구경에 나섰다. 하얼빈은 사실상 러시아 사람들이 건설한 도시다. 시내 중심가는 러시아풍 건물들이 많다. 젊은 이들이 파도처럼 흐른다. 그런데 오늘이 칠월 칠석 음력 7월 7일이라 견우와 직녀가 만나는 날이어서 중국에서는 연인의 날이라고 한다. 역동적인 중국 모습을 옛 부여족의 놀이터 한가운데서 보는 셈이다. 가장 유명한 건물인 성소피아 성당은 지금 건축박물관이 되어 있다.

10

중국 북방 민족 역사는 우리 역사다

이번 답사 마지막 밤이라서 어제저녁에 사천요리에 백주를 곁들여 제법 진하게 먹었다. 짜지 않게 요리해달라고 주문했는데도 여전히 짰다. 중국에서 음식 주문에 이골(?)이 난 이덕일 소장도 도리가 없었다. 위도가 높은 곳이라 추워서 음식이 짜고 매운 것인가? 아니면 북방 민족 입맛이 짠 음식에 익숙해서인가?

일제 관동군 731부대를 답사하고, 흑룡강성 박물관을 관람한 다음 인천공항으로 귀국하는 것이 오늘 일정이다.

731부대는 하얼빈 외곽에 있다. 만주국 시절 살아 있는 사람에게 발진티푸스, 페스트 등 병균을 주입하여 어떻게 진행되는지를 실험하고, 발가벗겨 혹한에 내몰아 동상에 걸려 죽는 데 시간이 얼마나 걸리는지 등을 실험한 곳이 악명 높은 관동군 731부대다. 물론 실험 대상이 된 사람들은 만주족, 부여족, 한족이었다. 이런 극악한 놈들을 조상으로 둔 일본 사람들은 조상들의 죄악을 지금

731부대 건물

도 인정하지 않고 있다. 하긴 국립 서울대학교 총장을 지내고 국무총리가 된 양반이 731부대를 아느냐고 국회 인사청문회에서 물으니 "독립군 부대 이름입니까?"라고 반문한 웃을 수도 없는 황당한 일도 있었다.

당시 시체 소각장도 그대로 남아 있다. 우리네 옛 고등학교 건물과 비슷한데 안에 들어가니 당시 사용하던 기구, 관련 사진, 자료 등이 체계적으로 전시되어 있다. 이곳 하얼빈뿐만 아니라 여러 곳에 이런 부대가 있었다고 한다. 731부대에 근무했던 사람 중에는 2차 세계대전 후 노벨상을 받은 사람도 있다고 한다.

생각해보면 군국주의 일본군은 청일전쟁과 러일전쟁을 제외하고는 정규군과의 전투에서 이긴 적이 없다. 하긴 러일전쟁에서도 사상자는 러시아군보다 일본군이 훨씬 많았다. 일본군은 진주만 공격에서 보는 바와 같이 기습하여 이기거나 전략적으로 적군이 후퇴한 다음 점령하고는 승리로 착각했다. 무적 관동군이라고 자랑했지만 노몬한 전투에서 몰살당하고 완전히 허깨비 군대임을 스스로 증명했다. 일본군들이 제일 강했던(?) 분야가 민간인 학살이었다. 중일전쟁 중 남경대학살, 청산리 전투에서 대패하고 만주에서 우리 부여족을 학살한 경신대참변 등이다. 731부대 만행은 더욱 참혹한 민간인 학살이다.

흑룡강성 박물관은 시나 현에서 운영하는 박물관이 아니고 성(省)에서 운영하는 박물관이라 기대가 컸다. 들어가 보니 놀랍게도 지금까지 관람한 박물관에서 이름조차 볼 수 없던 발해, 그 유물을 대대적으로 전시하고 있다. 종류도 다양하고, 문외한인 필자가 보기에도 고급스러운 귀한 유물들이다. 우리나라 역사 관련 사진을 가장 많이 소장하고 있는 권태균 교수는 발해 유물 전시를 처음 본다면서 한 점이라도 빠뜨릴까 봐 사진기에 담기 바쁘다. 멋진 청동 기마상 소품이 전시되어 있다. 그런데 아래 사진에서 보는 바와 같이 발해가 아니고 당발해(唐渤海) 때 유적이라고

발해의 청동 기마상

설명하고 있다. 당나라의 발해 즉, 발해는 당나라 지방정권이라는 동북공정 논리를 반영하고 있다.

박물관에는 1930년대 조선인과 중국인이 연합하여 일제에 저항한 동북항일연군에 관한 자료를 3층에 소상하게 전시하고 있다. 이 지역 사람들에게 동북항일연군은 영웅이었을 것이다. 동북항일연군(1935년 결성)은 임시정부 광복군(1940년 결성)과 조선의용대(1938년 결성)와 함께 일제와 마지막까지 싸웠던 자랑스러운 우리 독립군이다.

동북항일연군의 제3군을 이끌고 일제와 치열하게 싸웠던 사령관이 허영(許寧)이라고 박물관에 소개되어 있다. 이분은 대한제국 말 의병장으로서 13도 연합 의병을 결성해 한성 진공작전을 지휘했던 왕산(旺山) 허위(許蔿, 1855-1908) 사촌동생의 아들이다. 독립전쟁 관련 사료에 의하면 동북항일연군 제3군 사령관은 허형식(許亨植, 1909-1942)이다. 왕산의 사촌형 손녀로서 석주 이상룡 선생 손부가 된 허은(許銀, 1907-1997) 여사의 구술 자서전 『지

허형식許亨植

금도 내 귀에 서간도 바람 소리가』에 의하면 허형식은 허영의 재종동생이다. 아마도 허형식이 재종형 이름으로 활동했을 가능성이 크다. 당시 애국지사들은 신분을 숨기기 위해 변성명을 하는 경우가 많았다. 허형식은 일제와의 전투에서 1942년에 전사했다. 일본 놈들은 그의 머리는 효수하고, 그의 몸은 짐승들의 먹이로 던져줄 정도로 허형식을 증오했다. 그는 만주에서 1940년대 대일항쟁의 전설이 되어 있었다. 왕산 선생은 일제에 붙잡혀 서대문형무소에서 순국하셨는데 서대문형무소가 만들어진 후 처음으로 사형당한 분이다. 왕대밭에 왕대 나고 쪽대밭에 쪽대 난다는 옛말이 틀림이 없음을 왕산 일문(一門)을 통해서 알겠다.

왕산 선생이 순국하신 후 일족들은 조선에 살 수가 없어 만주로, 연해주로 망명했다. 후손들도 거의 전부가 독립투쟁에 헌신했다. 우당 이회영, 석주 이상룡, 왕산 허위, 일송 김동삼 일가가 바로 우리나라 최고 명문가다. 왕산 일가들은 지금도 뿔뿔이 흩어져 산다. 왕산 선생 기념관이 경상북도 구미시에 2009년에 건립되었다. 키르기스스탄, 우크라이나, 미국, 러시아, 중국, 한국 등에 흩어져 사는 왕산 손자, 증손자들을 기념관이 수소문해서 고향 경북 구미에서 만나도록 주선했다. 100년이 넘는 세월이 지나 처음으로 후손들이 마주했다고 한다. 어찌 역사의 비극이 아니겠는가!

하얼빈역에 최근 개관한 안중근 의사 기념관을 관람했다. 기념관은 폭은 좁으나 승강장과 이어지고 유리문으로 분리되어 있다. 관리가 다소 허술해 보인다. 우리에게 대부분 알려진 자료들이

주은래 등 저명 인사들의 안중근 의사 추모 글

전시되어 있다. 안 의사의 의거에 대해 주은래 등 저명 인사들이 감동하여 추모한 글들이 전시되어 있다.

기념관 유리문 너머가 이토 히로부미를 사살한 현장이다. 가슴이 울컥한다. 서울에서 찾아온 어린 학생들, 대학생들로 기념관이 붐빈다. 얼마나 다행스러운 현상인가! 중국 정부에 감사할 따름이다. 안중근 의사를 테러리스트라고 깎아내리는 학자가 있다. 안 의사는 군인인 의병으로서 적의 수괴를 사살한 것이다. 테러는 불특정 다수에 대한 공격이다. 이렇게 폄하는 사람이 학자라고 국민의 세금으로 월급 받으며 국가기관에서 교수로 근무하고 있는 나라가 대한민국이다. 어쩌면 일제 강점기 만주 독립군들을 반란군이라고 할지도 모른다. 슬프다.

성리학 유일사상과 소중화 의식에 찌든 조선 사대부들은 만리

이토 히로부미를 사살한 하얼빈역 현장(중앙 흰 표시)

장성 북쪽에서 발흥한 민족인 선비, 거란, 몽골, 여진을 중국 한족을 본받아 오랑캐라고 멸시했다. 힘도 없으면서 입만 살아서. 그러다 혼이 나기도 했다. 그래도 정신을 차리지 못했다. 명나라가 청나라에 망하자 청나라 연호를 쓰기로 해놓고는 오랑캐 연호를 쓸 수 없다면서 명나라 마지막 연호인 '숭정(崇禎) 후 몇 년'이라고 써서 명나라에 의리를 지켰다. 예학의 대가를 배출한 충청도 어느 가문(?)에서는 지금도 이렇게 쓴다고 한다. 그러나 민족주의 사학자들은 북방 민족을 형제 민족으로 인식하고 있었다.

북방 민족들은 대부분 오늘날 사라진 민족이다. 만주족이 세운 청나라가 망한 지 100년 남짓밖에 되지 않았는데 지금 중국에는 만주족 말을 가르치는 초등학교도 없다. 북방 민족사를 연구하는 중국 학자들은 많다. 그러나 이들은 이디까지나 한족 입장에서 연구한다. 북방 민족 중에서 지금 국가를 유지하고 있는 나라는 우리와 몽골 그리고 일본이다. 일본은 아니라고 하니 어쩔 수 없다. 중국이 동북공정을 진행하고 있는 지금 북방 민족사를 우리 관점에서 연구하고 정리해야 한다. 국가적인 사업으로 대대적으로, 그러나 조용히 추진해야 한다. 언제일지 알 수 없으나 먼 후일 반드시 크게 쓰일 것이다. 대륙성과 해양성이 발휘될 때 우리 민족은 융성했다. 북방 민족사 연구는 바로 우리 역사에서 대륙성을 회복하는 기초 작업이다.

오랑캐는 야만인을 의미한다. 북방 민족이 오랑캐인가? 이들이 혹독한 추위에 살아남기 위해서는 모든 것을 치밀하게 준비해야 한다. 농경민족의 처지에서 볼 때 야만인으로 보일지 모르지만, 삶의 지혜는 중원의 한족보다 한 수 위다. 그러기에 한(漢), 송(宋), 명(明)을 제외하고 중국의 역대 왕조는 대부분 북방 민족이 건설했다. 그들은 우리 형제 민족이다. 사대주의와 성리학 유일사상에 찌든 조선의 사대부들이 오랑캐라고 멸시한 것은 자기도취일 뿐이다.

지금 중국에서는 동북공정에 장애가 되는 우리 민족의 유적들을 중국식으로 바꾸어 복원하거나 훼손하거나 방치하고 있다. 조금 더 세월이 지나면 만주의 우리 역사 유적이 사라질지도 모른다. 우리가 만주의 우리 역사 유적을 정리하여 기록으로 남기는 것은 우리 역사를 보존해서 후손에게 물려주는 중요한 작업이다. 소리 없이 국가적 사업으로 진행해야 할 일이다.

광대무변한 만주 평원을 바라보며 우리 역사를 반추하면 누구나 자연스럽게 가슴이 뜨거워진다. 이런 기회를 우리 공무원들이 경험하면 우리 역사에 대한 자부심과 벅찬 감동을 느낄 것이다. 독립투사들의 한이 서린 땅을 밟아보고 가슴이 뛰지 않는 대한민국 젊은이가 있겠는가! 투철한 역사의식과 뜨거운 가슴으로 일하는 공무원이 어찌 부끄러운 모습을 보이겠는가! 신임 공무원 연수 과정에 북만주 역사 답사가 꼭 포함되기를 기대해본다.

중국 대부분 도시에는 박물관이 있다. 입장료가 없다. 단순히 옛날 유물만 전시하지 않고 그 지역 역사는 물론 청소년들이 본받아야 하는 그 지역 출신 역사적 인물들의 행적도 전시하고 있다. 자연스럽게 박물관은 역사 교육장이다. 우리도 중국처럼 박물관 관련 정책들을 정비할 필요가 있다. 광복 70년이 넘은 지금 조선총독부가 날조한 역사를 아직도 전시하고 있는 박물관, 친일 반민족행위자들을 자랑스럽게 전시하고 있는 박물관들을 어떻게 할 것인가?

2부

동간도와
서간도를 가다

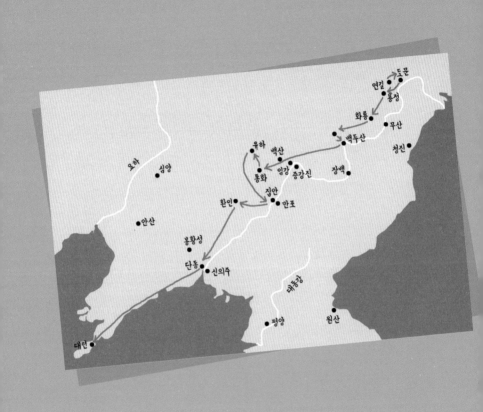

연길에서 대련 답사 경로

연변조선족자치주 주도인 연길(延吉)에서 두만강과 압록강을 따라 서쪽으로 신의주 대안의 단동(丹東)까지 강 북쪽 만주 지역과 요동반도 끝 여순(旅順)과 대련(大連)을 답사하는 것이 이번 여행 일정이다. 동간도 또는 북간도로 알려진 두만강 건너와 서간도인 압록강 북쪽을 답사하기 때문에 백두산 천지에도 오르고, 고조선, 고구려, 발해 등 우리 상고사의 자취와 피어린 독립투쟁의 현장을 답사한다. 여순과 대련은 안중근 의사, 이회영, 신채호 선생 등 선열들이 순국하신 우리의 한이 서린 곳이다.

이번 답사 참가자는 24명이다. 기간은 2015년 7월 20일부터 27일까지 7박 8일이다. 구체적인 일정은 연길(1박)→도문→용정→화룡→이도백하(2박)→통화(3박)→유하현→집안(4박)→환인(5박)→단동(6박)→대련(7박)이다. 답사 기간 동안 버스로 달려야 하는 거리가 약 3,500킬로미터다. 연길, 도문, 용정, 화룡에서는 애국선열들의 독립투쟁 현장을 답사할 것이다. 특히 화룡 지역에는 대종교 3종사 묘가 있고 청산리 전투 현장이 있다. 이도백하는 백두산 천지에 오르는 거점이다. 통화시 유하현에는 신흥무관학교가 있었다. 집안과 환인은 고구려 역사 현장이다. 단동에서 북한 신의주를 바라볼 예정이다. 대련에서 인천공항으로 귀국한다.

1

남의 나라 같지 않다

인천공항에서 연길까지 비행 시간이 2시간이라고 한다. 북한 상공을 경유한다면 1시간이면 충분할 것이다. 요동반도를 경유해서 압록강과 두만강 따라 북동쪽으로 올라가기 때문에 1시간이 더 걸린다. 이덕일 소장이 지난번 백두산 근처 하늘을 지날 때는 날씨가 맑아 장엄한 장백산맥을 내려다볼 수 있었다고 한다. 다행히 좌석이 창가여서 백두산 산록을 내려다볼 수 있으리라 기대했지만 흐린 날씨여서 아무것도 보이지 않았다. 연길이 가까워지자 거대한 산맥이 잠깐 보이다가 현지 시각(한국보다 1시간 늦음)으로 11시 정각에 연길 국제공항에 착륙했다. 국제공항이라고는 하나 한적한 시골 공항이다. 어이없게도 비행기 안에서 15분 기다리다 내렸다. 이유를 묻지 않는 게 중국 여행에서는 오히려 편하다고 한다.

연길시 주위는 낮은 곳은 논, 물을 댈 수 없는 약간 높은 곳과 산비탈은 옥수수밭과 콩밭이다.

연길시는 동서로 터져 있고 남북이 그리 높지 않은 산으로 막혀 있는 분지다. 남향받이 산기슭에서부터 평지까지 동서로 도시가 가지런하게 형성되어 있다. 마치 신도시 같다. 고층 건물들도 지붕은 조선식으로 만들어놓은 곳이 많다. 조선족자치주로서 정체성을 지키려는 노력의 일환일 것이다. 놀랍게도 시내가 매우 깨끗하다. 조선족의 위생 관념이 높은 결과라고 한다. 오늘 밤 묵기로 되어 있는 연길연변국제반점 뒤에 뿌얼하툰(부르하통하)이라는 강이 시내를 동서로 가로질러 흐른다. 여진족 말로 '버드나무 숲'이라는 뜻이라고 한다. 한문 이름은 없다는 강이다. 한족이 놀던 땅이 아니라는 증거다. 아담한 다리도 3개가 놓여 있다. 강폭은 한강의 3분의 1쯤 되는 것 같다. 수량이 많은 것으로 보아 어

뿌얼하툰강에 면한 연변시 풍경

딘가에 보를 막은 것 같다. 녹조가 없는지 은근히 걱정된다.

연길은 연변조선족자치주 주도다. 연변조선족자치주는 1955년 12월 발족했는데 길림성 동남부의 광대한 지역이다. 자치주에는 연길, 도문, 돈화, 용정, 화룡, 혼춘 6개 시와 왕청현과 안도현 2개 현이 있다. 인구가 250만, 면적이 4만 제곱킬로미터라고 한다. 우리나라 1개 도 정도 크기라고 생각했던 필자는 깜짝 놀랐다. 우리 남한 면적이 9만 제곱킬로미터가 조금 넘으니 말이다. 남한의 거의 반이나 되는데 인구가 250만에 불과하고 조선족 인구가 40%를 넘는다고 한다. 연길시 인구는 지금 50만이 넘고 60%가 조선족이라고 하나 지금은 많이 줄었을 것이다.

이곳 연변은 과거 동간도 또는 북간도로 불리던 지역이다. 박경리 선생 소설『토지』의 무대다. 이 소설을 통해서 알고 있는 것이 필자의 간도에 관한 기초 지식이다. 만주국 시기 이곳은 간도성이었다. 조선조 말과 일제 강점기에 조선 백성들이 살아남기 위해 두만강을 넘고, 일제에 빼앗긴 나라를 되찾고자 애국지사들이 자리 잡고 개척한 땅이 이곳이다. 거리 간판과 안내판은 한글로 먼저 쓰고 다음에 한문으로 쓰여 있다. 참으로 익숙하고 편한 거리다.

먼저 간민회(墾民會) 본부가 있던 곳을 찾았다. 연길시청 건너편이다. 간민회는 1913년 북간도에서 최초로 조직된 조선인 자치단체다. 간민회는 조선인들이 중국에서 법적 보호를 받을 수 있도록 중국 국적 취득을 주선하고, 토지 매매 등 경제 활동 지원,

간민회 본부가 있던 당시 연변도윤 공관

조선인 교육 등에 진력했다. 이동춘, 김약연, 김립 등이 주도해서 조직했다. 당시 이 지역 행정을 관장하던 중국인 관리 연길도윤(오늘날 연길시장에 해당)이 조선인들에게 호의적이어서 간민회 본부가 그의 공관에 있었다. 이 건물이 사진에서 보는 것처럼 잘 보존되어 있다. 간민회는 1920년 대한국민회로 발전하여 북간도 지역 독립항쟁의 근간이 되었다. 뿐만 아니라, 서간도에서 조직된 경학사(耕學社)와 함께 우리 역사에서 처음으로 민간 자치를 실행하여 민주공화정의 씨앗이 된 조직이다. 우리에게는 민족수난기에 새로운 희망이 움튼 곳이다. 잘 보존해준 연길 당국자들에게 진심으로 감사를 표하지 않을 수 있겠는가!

연길에 서(西)시장이 있다. 우리 동포 조선족 전통 시장이다. 규모가 큰 우리 재래시장이고 없는 게 없는 듯하다. 물론 상인들은 전부 조선족이라고 한다. 건어물 가게 숫자가 제일 많다. 북한산 말린 명태, 북어가 이 시장 명품이다. 요즈음 한국 맥줏집에서 짝태와 먹태 등이 인기인데 모두 말린 명태다. 세상에서 제일 맛있는 북어가 이곳 서시장 북어란다. 어떤 가게 북어가 특히 좋은지 연변대학 교수에게 물어 제법 많이 샀다. 내일 봉오동 전투 전적지, 대종교 3종사 묘, 청산리 전투 전적지에서 간소하게 지낼 제사에 이 북어를 제수로 올릴 것이다. 역시 맛이 일품이었다.

서시장 상인 아주머니에게 냉면 잘하는 집이 어디냐고 물어 진달래식당에서 늦은 점심을 먹었다. 육수 맛이 좀 색다르지만 시원하고 좋았다. 그러나 양이 너무 많아서 먹기도 전에 질린다. 남길 수밖에 없는데 미안하기도 하고 그렇다. 옆 가게는 혼수품 가게인데 웨딩드레스로 한복과 서양식이 같이 전시되어 있다. 여기가 중국인가? 잠시 혼란스럽다.

연길 서시장 입구

서시장을 둘러본 다음 오늘 밤 숙소인 연길연변국제반점(延吉延邊國際飯店)에 여장을 풀었다. 5성급 호텔이다. 2012년까지만 해도 한가람역사문화연구소 답사 여행에서 숙소는 3성급을 넘지 않았다. 장급이나 여인숙에서 지내는 게 보통이었다. 지난해 북만주 답사 때도 세 밤을 장급 호텔에서 잤다. 그저 편히 샤워할 수 있으면 만족했다. 이번 답사에는 4성과 5성급 호텔이다. 살기 좋아진 탓이다.

계획대로 호텔에서 연변대학과 한가람역사문화연구소 공동학술대회가 '한·중 연합 항일투쟁의 역사 - 이념을 넘어서'라는 주제로 오후 4시부터 7시까지 개최되었다. 연변대학 김태국, 이용식 교수와 한가람역사문화연구소 이덕일 소장과 김병기 박사가 논문을 발표하고, 리광평 전 용정 문화관장이 '일제 침략 죄상 및 조선족 피해자 사진'을 설명했다. 1931년 만주사변 이후 만주 지역에서 대일항쟁은 한국인과 중국인 공동 투쟁이었고, 이 과정에서 중국인은 한국인 공적을 크게 인정했으며, 이런 인식이 오늘날 연변조선족자치주를 있게 한 바탕이 되었다고 한다. 김태국 교수는 동북항일연군의 대일 투쟁이 1940년대 초까지 지속되었고, 그 중심에 한국인이 있었다고 설명했다. '침략 사관 재등장과 한·중의 대응'을 발표한 이덕일 소장은 간도 문제와 관련하여 역사주권과 영토주권을 분리하여 논의해야 두 나라 모두에 도움이 될 것이라고 주장했다.

이번 학술대회에서 필자는 몇 가지 새로운 사실을 알게 되었다. 자국민이 많이 거주하는 국가에 영사관을 설치하는데 일제가 만주를 침략해 들어갈 때 일본인이 별로 없는 지역에 어떻게 영사관을 설치해서 침략의 거점으로 삼았느냐 하는 점이었다. 일제는 조선을 식민지로 강점하여 조선인을 자국민이라고 주장해서 만주에 영사관을 설치한 것이다. 만주에서도 일제가 조선인을 강제로 군대에 징집했다. 일본군 성노예 시설이 동남아뿐만 아니라 만주에도 있었다. 혼춘에 대대적인 일본군 성노예 시설이 있었다. 리광평 선생은 강제징집과 성노예 관련 슬픈 사진들을 보여주었다.

중국 정부는 연변조선족자치주를 최근 수년 동안 '소수민족모범단결집단'으로 선정하여 대대적인 투자 예산을 배정했다고 한다. 김태국 교수는 조선족에 대한 자부심이 대단했다. 조선족 대학인 연변대학은 중국 100대 대학에 들어간다고 한다. 중국에 얼마나 대학이 많은가! 한국 사람이 세운 중국의 새로운 명문 대학 연변과학기술대학도 이곳에 있다. 필자와도 조금 관련이 있는 대학이다.

답사 첫날이고 학술회의 중국 측 참가자들도 있어서 호텔 식당에서 저녁을 먹었다. 음식이 입에 맞았다. 거리 간판이 한글로 되어 있고, 나다니는 행인들 대화에서 우리말을 들을 수 있고, 음식도 입에 맞고, 산하 풍광도 우리와 조금도 다르지 않다. 오고 가는 것도 불편하지 않다. 조그만 이곳 공항에 대한항공과 아시아나가 정기적으로 뜨고 있다. 남의 나라 같지 않다.

저녁 식사 후 양꼬치와 맥주로 야외에서 여행의 즐거움을 맛보고자 했으나 중국 다른 도시와는 달리 이곳에는 거리 주점이 없다. 전에는 강변에 노점 꼬치 집이 있었다고 한다. 시 당국이 얼마 전부터 노점상을 일절 허용하지 않기 때문이다. 거리가 정갈할 뿐만 아니라 고즈넉하다.

꼭 우리가 다스려야 우리 땅인가. 우리 숫자가 많고, 오고 감이 자유스럽고, 불편이 없으면 우리 땅과 무엇이 다르겠는가? 은퇴한 박정신 교수와 둘이서 한국 은퇴자들을 이곳에 유치하는 사업을 해보자며 허허 웃었다. 공기가 너무 좋다.

2

두만강에 노 젓는 뱃사공은 없다

답사 2일째인 오늘은 연길에서 도문, 용정, 화룡을 거쳐 백두산 초입에 있는 이도백하까지 가야 한다. 대략 500킬로미터를 달려야 한다. 이 지역은 두만강 건너 만주다. 일찍부터 조선 백성들이 이주하여 일군 땅이고, 나라를 뺏기고 조국 독립에 헌신한 애국지사들의 땀과 피와 한이 서린 땅이다. 오늘 답사 주요 일정은 봉오동 전투 전적지, 대종교 3종사 묘소, 청산리 전투 전적지 참배다.

연길에서 동쪽으로 시골길을 달리다 도문시 가까운 어느 삼거리에서 중국 공안이 우리 버스를 세우더니 뭔가를 신고하라고 한다. 중국인 기사가 내려서 처리하고 통과했다. 이상하게도 이번 우리 답사 여행을 중국 공안이 계속 검문해서 주시하고 있다는 느낌이다. 한가람역사문화연구소가 중국 동북공정의 허구를 지속적으로 지적해온 탓인가? 하긴 대한민국 국민 세금으로 운영하는 국가기관인 동북아역사재단이 부끄럼도 없이 중국 동북공정 서울지사 역할을 자임하여 우리 역사 강역을 팔아먹고 있는데 반해 한가람역사문화연구소는 지속적으로 대항하고 있으니 중국 당국이 주시할 수도 있겠다. 사실 최근 들어 중국이 조용하게 동북공정을 진행하고 있는 것은 자기네들이 떠들지 않아도 한국 국가기관인 동북아역사재단이 알아서 받쳐주고 있으니 떠들 필요가 없기 때문일 것이다.

대한민국이 독립국인가? 동북아역사재단 이사장과 연구진들의 머릿속에는 뭐가 들어 있을까? 왜 교육부는 가만히 있을까? 왜 국회는 동북아역사재단 해체 법안을 내지 않을까? 왜 대한민국 주류 언론들은 여기에 침묵하고 있을까? 2003년 설립 이후 동북아역사재단은 일제 총독부가 만든 노예의 역사를 확대 재생산하고 중국 동북공정을 옹호하는 데 3천억 원 이상 국민 혈세를 썼다. 설립 이후 12년 동안 이 재단은 일제 조선총독부 사관을 극복하거나 동북공정 논리를 반박하는 단 한 편의 논문이나 보고서도 낸 적이 없다. 왜 감사원은 가만히 있을까? 검찰 등 수사기관은 어느 나라 국가기관인가? 이제는 독도가 일본 땅이라고 주장하는 사람이 이 재단 연구원으로 국민 혈세로 월급 받으며 근무하는 지경에 이르렀다.

한적한 길을 한참 달려 봉오동(鳳梧洞) 초입에 도착했다. 멋진 장승 2기가 마을 입구에 서 있다. 조선족 마을이다. 오동잎을 먹고 사는 봉황이 사는 동네, 참 근사한 이름이다. 1920년 북만주 일대 독립군 부대들은 두만강을 건너 일제 관공서와 경찰관 주재소를 목표로 국내 진공 작전을 활발하게 펼치고 있었다. 1920년 5월 홍범도(1863-1943) 장군, 최진동(1887-1941) 장군, 안무(1883-1924) 장군이 연합해서 대한북로독군부를 창설했다. 우리가 아는 바와 같이 홍범도 장군은 전설이 된 독립군 영웅이다. 최진동 장군은 봉오동 일대에 막대한 토지를 가지고 있었던 성공한 이주민이었다. 그는 재산을 군자금으로 썼다. 안무 장군은 대한제국의 장교였고 나라가 망하자 광복전쟁 일선에 나선 분이다. 이 부대 독립군이 1920년 6월 4일 두만강을 건너 함경북도 종성군 강양동에 주둔하고 있던 일본군 순찰 소대를 습격했다. 일본군이 대대 규모의 부대로 추격해 오자 6월 10일 미리 매복하고 있던 홍범도, 최진동, 안무 장군이 지휘한 700여 명의 독립군 부대가 이들을 궤멸시킨 곳이 이곳 봉오동이다.

봉오동 하촌 마을 입구 장승

봉오동 전투는 독립군 부대가 연합해서 처음으로 간도에 침입한 대규모 일제 정규군을 상대로 압도적으로 승리한 전투다. 대일항쟁기 애국 청년들의 가슴을 뜨겁게 달군 전투였다. 독립군 사기를 높이고 무장항쟁이 활발해지는 계기를 만든 전투였다. 일제가 독립군 실력을 새롭게 평가하는 계기도 되었다.

봉오동 골짜기는 30리 정도인데 산이 그리 높지는 않다. 입구부터 하촌, 중촌, 상촌 세 마을이 있다. 전형적인 한국식 마을 이름이다. 지금은 이 골짜기 입구에 저수지를 만들어서 안으로 들어갈 수는 없다. 관리소에서 버스를 통과시켜 댐 입구까지만 갈 수 있었다. 이곳을 여러 차례 답사한 김병기 박사는 지난번에 왔을 때 '봉오동 전적지'라는 표석만 잡초 속에 숨어 있었는데 이제는 동남향으로 오른쪽 사진에서 보는 바와 같이 반듯한 기념비를 세워 놓았고 그 뒤에 자태가 멋진 적송도 심어놓았다.

어찌 사진만 찍고 스쳐 지나갈 수 있겠는가? 빼앗긴 나라를 찾고자 선열들이 순국한 현장이 아닌가! 인천공항에서 준비한 소

좌로부터 홍범도 장군, 최진동 장군, 안무 장군

주와 연길 서시장에서 마련한 대추, 북어, 과일을 차려놓고 소박하게나마 격식을 갖추어 산화한 애국 영령들의 명복을 빌었다.

봉오동을 떠나 조금 달리자 도문시와 북한을 잇는 두만강 다리가 나타났다. 버스에서 내리지는 않았다. 허술한 교량이다. 다리 길이가 200미터 정도 되어 보인다. 오고 가는 차와 사람이 보이지 않는다. 중국인 관광객 몇 사람이 북한을 바라보고 사진을 찍고 있다. 이곳은 삼거리인데 우회전하면 두만강에서 내륙 쪽으로 용정으로 연결되고, 직진하면 두만강을 따라 서남쪽으로 명동촌, 용정으로 연결된다. 직진해서 두만강을 따라갔다.

북한과 중국 국경을 구분하는 철책과 함께 두만강을 따라 길이 계속된다. 우리 가요 「눈물 젖은 두만강」에 나오는 '노 젓는 뱃사공'은 물론 없다. 두만강 하류에 가야 뱃사공을 볼 수 있을 것이다. 아무리 보아도 강물 깊이가 무릎에 찰 정도다. 강폭도 100미

봉오동 전투 기념비

중국 도문과 북한을 잇는 다리. 다리 건너가 북한

터를 넘지 않는 듯하다. 강은 북한과 중국 사이의 좁은 들판을 돌아 흐르는데 강줄기가 중국 쪽으로 흐르면 북한 쪽 들판이 넓고 북한 쪽으로 흐르면 중국 쪽 들판이 넓다. 철책도 별로 높지 않다. 북한 쪽 경계가 얼마나 삼엄한지 알 수 없지만, 마음만 먹으면 탈북이 어렵지 않아 보인다.

중국 쪽 산에는 나무가 울창한데 강 건너 북한 산에는 꼭대기까지 나무가 거의 없다. 대신에, 온 산에 밭을 일구어놓았다. 식량 사정이 좋지 않아 밭을 일군 게 아니겠는가. 지금은 녹음이 우거진 여름철이라 그런대로 괜찮아 보이지만 낙엽이 지면 북한 쪽 풍광은 그야말로 황량할 것이다. 산에 나무가 없으니 큰비가 오면 수해 피해도 엄청날 것으로 보인다. 새삼 정치가 민생에 얼마나 지대한 영향을 미치는지 북한 산하를 보니 알겠다.

두만강 길을 따라 한참 가니 간평(間坪)이다. 봉오동 전투에 앞서 강양동을 습격한 후 후퇴하던 독립군과 일제 추격대의 전투가 벌어진 곳이다. 독립군이 퇴각하자 악에 받친 일본군이 민간인들을 학살한 곳이다. 일본군이 잘하는 것은 민간인 학살이다.

한 시간 반쯤 달리자 삼합이라는 제법 큰 마을이 나타난다. 삼합 건너편이 북한 회령이다. 삼합에서 우회전해서 조금 가면 명동촌이다. 남북으로 널찍한 얕은 골짜기에 명동촌이 있다. 마을 입구에 명동촌임을 표시한 큼지막한 표지석이 세워져 있다. 이곳이 시인 윤동주 고향이다. 고등학교 시절 "하늘을 우러러 한 점 부끄럼이 없기를, 잎새에 우는 바람에도 나는 괴로워했다"로 시작하는 윤동주의 「서시(序詩)」를 필자도 애송했다. 가슴 저리게

국경의 철책과 두만강. 건너편이 북한 함경북도

슬프면서도 뭔지 모르는 아련함으로 먹먹했던 기억이 지금도 또렷하다. 삼십 세도 넘기지 못하고 시인 윤동주는 일제에 의해서 희생되었지만 주옥같은 시들을 남겼다. 지난해 4월 일본 도지샤(同志社)대학을 찾았을 때 이 대학 출신인 윤동주의 「서시」를 새긴 시비를 보고 착잡한 심사를 금할 수 없었다. 생가를 중심으로 윤동주 시들을 돌에 새겨 죽 전시해놓았다. 수직으로 세워놓기도 했지만 길에다 평평하게 전시해서 밟고 다닐 수밖에 없게 되어 있어 조금 마음이 불편했다.

이곳 명동촌은 회령에서 100리다. 1899년 함경도에 살던 김약연, 김하규, 문병규, 남종규 네 가문 25세대 142명이 집단으로 두만강을 건너 이주하여 일군 마을이 명동촌이다. 다음 해에 윤하현 가문이 합류했다. 김약연은 북간도 조선인 자치기관인 간민회 설립 주역이다. 문병규는 문익환 목사 할아버지이고, 윤하현은 윤동주 시인 할아버지다. 명동촌은 일제 강점기 북만주 민족교육과 독립항쟁의 거점이 되었다. 윤동주 시인의 경우를 보더라도 이곳 압록강 너머 벽촌에서 자식을 서울로, 일본으로 어떻게 유학 보낼 수 있었을까? 다섯 가문이 일군 토지가 600만 평 정도였다고 한다. 그중에서 가장 좋은 땅 1만평을 학전(學田)으로 남겨 여기서 생산되는 수확으로 자식들 학비를 감당해서 일본 유학이 가능했다고 한다. 선조들의 빛나는 교육열을 여기서도 본다.

명동촌에서 북쪽으로 용정까지 대략 30킬로미터다. 용정 쪽으로 명동촌이 끝나는 곳 오른편에 대락자라는 절벽이 직각으로 장엄하게 서서 산과 이어져 있다. 회령에서 고개를 넘으면 대락자가 가깝게 보인다고 한다. 남부여에 대하여 조선 백성들이 두만강만 건너면 "조선을 벗어나는구나, 용정이 멀지 않았구나" 하고 안도하던 표지석이 대락자였다고 한다. 안중근 의사가 이토 히로부미를 처단하러 갈 때 명동촌에 머물면서 이 절벽에 대고 권총 사격을 연습했다고 한다. 역사가 전설이 되고 신화가 된 곳이다. 이곳이 고향인 문익환 목사의 아들 영화배우 문성근 선생도 이 전설을 잘 알고 있다.

대락자 근처는 양쪽이 산인 좁은 통로다. 이 통로 근처에서 1920년 1월 4일 철혈광복단 단원 6명이 일제 만주 근무 공무원 월급 수송 마차를 습격해서 15만 엔을 탈취했다. 불행하게도 독립자금으로 한 푼도 써보지 못하고 이들 독립군은 보름 후에 체

윤동주 시인 생가. 집 뒤로 멀리 보이는 오른쪽 바위산이 대락자

포되었다. 다섯 분이 서대문형무소에서 사형당했다. 책으로 읽기만 해서는 선조들의 피나는 독립투쟁을 현실로 인식하기 어렵다. 현장은 우리를 항상 감동하게 하고 각오를 다짐하게 한다.

3

우리는 대종교에 큰 빛을 졌다

전설의 대랑자를 지나 조금 달려 용정 시내에 도착했다. 일송정, 용두레 우물, 해란강은 듣기만 해도 가슴이 저미는 이름들이다. 대일항쟁기 셀 수 없이 많은 전설과 아픔과 추억을 간직한 곳이 용정이다. 박경리 선생의 대하소설 『토지』 무대이기도 하다. 우리 일행은 독립투쟁의 선구자 보재(溥齋) 이상설(李相卨, 1870-1917)이 세운 학교인 서전서숙(瑞甸書塾)과 대성중학교에 최근 건립했다

이상설(출처: 이상설기념사업회)

는 그의 기념관만 보기로 했다.

이상설 선생은 충북 진천 출신으로 1894년 식년문과에 급제한 후 관직이 장관급에 이르렀지만 일찍부터 우당 이회영 선생 등과 함께 신학문을 학습했다. 1905년 을사늑약 후 연해주로 망명했다가 용정으로 옮겨 1906년 서전서숙을 설립했다. 선생이 1907년 헤이그 만국평화회의에 조선 대표로 참석하여 자리를 비울 수밖에 없었고, 일제 탄압도 심해 서전서숙은 1년 정도 존속한 학교였다. 그러나 만주에서 우리 민족 교육 효시였기에 이후 간도 지역에서 설립된 많은 민족 학교들은 서전서숙의 영향을 받았다. 선생은 다시 연해주로 돌아가 고난 속에서 민족교육과 독립투쟁에 나섰다. 1914년에는 일제 강점 후 최초 망명정부인 대한광복군정부를 연해주에서 조직했다. 아깝게도 향년 47세로 1917년에 연해주에서 사망했다. 선생은 독립투쟁의 대부였다.

서전서숙 터에 세운 표지석

대성중학교 이상설 기념관

서전서숙 터는 조선족 학교인 용정실험소학교로 변했다. 학교를 개방하지 않아서 들어가 볼 수 없다. 서전서숙 옛터라는 비석만 멀리 보인다. 학교 안에 이상설 정자도 있다고 하는데 보지 못해 아쉽다.

이상설 기념관이 있는 대성중학교는 용정에 있던 6개 중학교를 통합한 학교다. 구관과 신관 두 건물이 있는데 신관은 교사이고 구관은 전시관이다. 구관 건물이 격조 있고 아담해서 마음에 든다. 전시관 밖에는 윤동주 시비와 상이 있다. 전시관에는 대일 항쟁기 교육 관련 자료들을 잘 전시해놓았다. 특히, 이상설을 비롯한 민족교육 선구자들 사진을 전시해서 기리고 있다. 대한민국에서도 이런 전시관은 보기 힘든데 우리 동포들이 이런 전시관을 마련해서 후세들에게 민족 정체성을 심어주고 있다. 우리가 배워야 할 자세다. 구관 옆에 이상설 기념관이 있는데 아직 개관하지 않았다. 전시물을 채우는 중이라고 한다. 후일 다시 와서 보리라.

냉면으로 점심을 때우고 화룡으로 향했다. 서남쪽으로 40킬로미터를 가야 한다. 가는 길 오른쪽은 야트막한 산이고, 왼쪽과 서쪽은 넓은 벌판이다. 해란벌이다. 오른쪽 산비탈에 사과배 과수원이 연이어 보인다. 제철이 아니어서 사과배 실물을 보지 못했다. 사과배는 1920년대 함경북도 북청 배나무와 연변 야생 배나무를 교잡한 배이다. 이 지역에서만 생산되는 명품이라고 한다. 이 품종을 개발한 우리 동포의 정성이 대단하다.

조그마한 고개를 넘자 화룡시 동쪽 경계다. 고운 버드나무 길이 2킬로미터 정도 이어진다. 버드나무 길 끝 신호등에서 좌회전해서 이면도로 만나는 곳에서 다시 좌회전해 길 끝머리에서 버스에서 내렸다. 길 오른쪽 산기슭 100미터쯤 되는 곳에 대종교(大倧敎) 삼종사(三宗師) 묘가 있다. 대종교 1세 교주 홍암(弘巖) 나철(羅喆, 1863-1916), 2세 교주 무원(茂園) 김교헌(金敎獻, 1869-1923), 백포(白圃) 서일(徐一, 1881-1921) 세 분의 묘다. 대종교는 1909년 나철 선생이 단군교를 중광(重光, 다시 일으켜 세운다는 의미)한 단군을 믿는 민족종교다. 지금 "대종교를 아십니까?"라고 물으면 시원하게 대답하는 사람이 우리나라에 별로 없다.

대일 항쟁기 가장 치열하게 독립투쟁에 나선 사람들이 대종교 교도였다. 1919년 상해 임시정부가 발족하면서 국회에 해당하는 임시의정원 의원 35명을 선출했는데 28명이 대종교 교도였다. 독립전쟁사에서 찬란한 승리를 거둔 봉오동 전투와 청산리 대첩의 실질적인 지휘부가 대종교였다. 독립투쟁에서 많은 대종교 교도들이 우뚝한 자취를 남겼다. 이상설, 김좌진, 홍범도, 박은식, 김규식, 신채호, 이상룡, 김동삼 선생 등 함자만 대면 알 만한 애국지사들이 대종교 교도였다. 이러니 우리 민족은 대종교에 큰 빚을 지고 있다.

연길 서시장에서 마련한 제물을 진설하고 인천공항에서 준비해온 소주로 정성을 모아 제사를 지내 삼종사 명복을 기원했다. 초헌, 아헌, 종헌 순서로 격식을 갖추어 제사를 지내고 일행 모두 음복했다. 대종교에서는 청정한 냉수를 떠놓고 제사를 지낸다고 지인에게 들은 적이 있지만 자세한 대종교 예법을 몰라서 유교 예법을 따른 것이다. 개운하지는 않았다. 동행한 이덕일 소장은 비록 현직은 아니지만 대한민국 의전 주무장관인 전 행정자치부 장관 집례로 제사를 지냈으니 세 분이 기꺼이 흠향하셨을 것이라고 위로한다. 필자의 기분을 알았던 것 같다.

묘역은 비교적 정갈하게 보존되어 있다. 삼종사는 단순한 종교

좌로부터 홍암 나철, 백포 서일, 무원 김교헌

인이 아니었다. 나철과 김교헌 두 분은 대과에 급제해서 모두가 부러워하는 청요직을 역임했다. 특히, 김교헌 선생은 성균관 대사성을 지냈고 우리 민족사학을 개척한 업적을 남겼다. 당대 최고 지식인으로 대종교를 통해 독립투쟁에 나선 분들이다. 서일 선생은 시종일관 무력투쟁에 진력했고 북간도 독립군을 통합한 북로군정서 총재로서 독립전쟁에서 불멸의 공을 세웠다. 나철과 서일 두 분은 젊은 나이에 시대의 아픔을 가슴에 안고 순절했으며, 김교헌 선생은 병사했다. 대종교는 만주 대륙을 포괄한 교구를 설정하여 포교했고 그 본부도 이곳 화룡에 있었다. 이런 연유로 세 분 묘소가 여기에 있게 되었다. 그러나 일제는 1928년에 대종교를 금지했고, 1942년에는 대종교 교도들이 주축이 된 조선어학회 사건으로 간부 10명이 순국하는 소위 임오교변(壬午敎變)을 당했다. 이후 대종교는 교세를 회복하지 못하고 지금은 안타

대종교 3종사 묘역

깝게도 겨우 명맥만 유지하고 있다.

삼종사 묘소를 떠나 서북쪽에 있는 청산리 대첩 전적지로 향했다. 거리로는 40킬로미터 남짓이지만 1시간 정도 걸릴 예정이라고 한다. 그런대로 시원하게 포장된 길이 청산리 골짜기 입구를 지나면서부터 황톳길이다. 골짜기 입구는 오른쪽으로 휘어져 있는데 가운데로 널찍한 내가 흐르고 입구에 둑을 막아서 수량도 제법 많다. 완만한 오르막이다. 골짜기 깊이가 동서로 25킬로미터라고 하니 우리네 계산으로는 60리 깊은 골짜기다. 양쪽 산세가 험해 보이지는 않는다. 좀 더 가자 화룡시 산림관리소가 나온다. 예나 지금이나 백두산 산록인 이곳 목재가 좋아서 계획적으로 삼림을 관리하고 있다는 증거다.

이 청산리 골에서 1920년 10월 21일부터 26일 새벽 사이에 2만여 명의 일제 정규군과 3천여 명의 독립군이 맞붙었다. 백운평, 이도구, 갑산촌, 천수평, 어랑촌 등에서 10여 차례 격렬한 전투를 치렀다. 일제는 정규군 1,500여 명이 전사하고 3,300여 명이 부상하는 참패를 당했다. 일제는 병력 25%를 상실했다. 독립군 희생자는 전사 130명, 부상 90명이었다. 청산리 대첩이었다. 독립군 부대는 김좌진 장군이 지휘한 북로군정서와 홍범도 장군의 대한독립군 등 여러 독립군 단체 연합부대였다. 당시 대한 청년들에게 희망과 용기를 주고 전의를 불태우게 한 대첩이었다.

이곳 지형을 보니 충분한 사전 정보 없이 대부대를 이 골짜기에 진입시키면 질 수밖에 없을 것 같다. 숲이 울창한 산에 매복해 있는 군대와 전투를 벌이는 것은 현대에도 무모한 작전이다. 이런 점에서 독립군 지휘관들은 전투 장소를 탁월하게 선택했고, 일제는 독립군을 얕보고 무모하게 달려든 것이다. 전투 과정에서 아낙네들이 입에 넣어주는 밥을 먹으면서 독립군 용사들은 분전했고, 지휘관들의 전술 운용도 탁월했으며, 각 부대가 일사불란하게 협력했다. 당시 이 골짜기에는 조선인 200여 가구가 화전을 일구어 살고 있었는데 모두 대종교 교도였다. 그런데 학교도 세 개 있었다고 한다. 100년 전 우리 민족 불굴의 교육열을 짐작할 수 있는 곳이다.

산림관리소 조금 지나 동산 정상에 연변조선족자치주 인민정부에서 세운 청산리 대첩 기념탑이 우뚝 서 있다. 기념탑까지 230여 계단을 올라가야 한다. 우리 일행은 경건한 마음으로 묵념하고 산화한 독립군들의 명복을 빌었다. 어찌 숙연해지지 않겠는가.

청산리 대첩 직후 사진(가운데 앉은 분이 김좌진 장군)

지금 나라를 빼앗기는 상황이 되면 그때처럼 생명을 바쳐 독립전쟁에 나설 사람이 몇이나 되겠는가. 나는 어떻게 할 것인가. 이 골짜기 어느 곳에 백골이 되어 아직도 조국의 산하를 그리면서 잠들어 있는 독립군의 명복을 간절히 소망한다.

청산리 대첩 후 일제는 참패에 대한 보복으로 만주에서 우리 민족을 무차별적으로 학살했다. 1만여 명을 학살하고, 민가 2,500여 채와 30개 학교를 불태웠다. 소위 경신대참변이다. 민족 수난의 비극이었다. 사실 일제는 정식으로 맞붙은 전투에서 별로 승리한 적이 없다. 패전하면 어김없이 민간인을 학살하는 것이 일제 군대의 저주받을 습성이다.

더이상 골짜기 안으로 들어가지 않았다. 이 궁벽한 오지에 청산리 대첩 흔적이 더는 없다고 한다. 기념탑에서 남쪽으로 멀리 보이는 계곡에 교량이 높게 걸려 있는데 철도 공사 중이다. 장춘

장춘–훈춘 고속철도

청산리 대첩 기념탑

과 혼춘을 오가는 고속철도 공사다. 이 산골 청산리 계곡 앞으로
고속철도가 지나가리라고는 100년 전에 아무도 상상조차 못 했
을 것이다.

　청산리에서 이도백하로 향했다. 150킬로미터 정도 가야 한다.
길이 좋지 않아 네 시간 정도 걸릴 것이라고 한다. 들길과 산길을
달리면서 표고가 조금씩 높아지지만, 경사는 느낄 수 없을 정도
로 완만하다. 점차 소나무가 사라지고 자작나무를 제외하고는 이
름을 모르는 잡목들이 울창한 산길이다. 중간에 큰 고개를 넘고,
장백산 약초를 파는 휴게소에 들렀다. 산삼도 팔고 호랑이 뼈를
담근 호골주도 팔고 있다. 가짜는 아닐 텐데 호랑이 뼈를 어디서
구했는지 궁금하다. 기대했던 늘씬한 백두산 미인송을 호텔이 가
까워지자 몇 그루 볼 수 있었다. 밤 9시가 넘어 장백산금수학국제

주점에 도착했다. 온천에서 피로를 풀려고 했으나 너무 늦었다. 이 도백하는 북쪽에서 백두산에 오르는 거점으로 조그마한 도시다.

4

천지에서 개천을 경험하다

이도백하 지역은 아마도 세계에서 공기가 제일 청정한 곳 중 하나일 것이다. 상쾌한 아침을 맞았다. 몸도 마음도 가뿐하다. 오늘은 민족의 성산인 백두산 천지를 본 다음 400여 킬로미터를 달려 통화까지 가는 일정이다. 호텔을 나서서 40킬로미터를 달려 백두산 등정 매표소까지 가야 한다. 구름이 잔뜩 낀 날씨다. 2차선 도로가 오르락내리락 계속된다. 길 양쪽은 자작나무, 소나무, 가문비나무와 이름 모를 나무들이 꽉 찬 밀림이다. 매표소에 도착하니 추적추적 비가 내린다. 매표소 안은 인산인해다.

아! 나는 그동안 쌓은 덕이 부족해서 백두산 천지를 오늘 보지 못하겠구나! 일행 중 한 분은 백두산에 네 번째 왔는데 천지를 아직도 보지 못했다고 한다. 김병기 박사는 3대에 걸쳐 덕을 쌓아야 천지를 단번에 볼 수 있다고 한다. 백두산 정상 날씨가 예측하기 어려운 탓이다. 천지 날씨가 쾌청해지는 행운을 기대해보기로 한

백두산 매표소

다. 10여 년 전만 해도 이곳을 찾는 사람은 대부분이 한국 사람들이었다고 한다. 그러나 지금은 중국 사람들이 대부분이다. 그만큼 중국 형편이 나아진 탓일 것이다. 표를 끊고 소형 버스로 갈아타려고 기다리는데 울타리 너머에 빨간 열매가 맺힌 산삼이 보인다. 일행들에게 알려 백두산 산삼을 같이 관람했다. 열매가 맺혔으니 최소한 4년근은 넘을 것이다.

산길을 제법 달리자 해발 1,700미터쯤 되는 장백폭포 아래쪽 두 번째 환승장이다. 이도백하에서 백두산 정상에 오르는 길은 이곳까지는 경사가 매우 완만하다. 여기서부터 급경사다. 벤츠사가 만든 SUV로 갈아타고 정상으로 향했다. 급경사 꼬부랑길 오른쪽은 그야말로 천 길 낭떠러지다. 무서워서 오금이 저린다. 해발 2,000미터쯤 되는 곳부터 나무가 없다. 고산 야생화가 드문드

백두산 정상 바로 아래 주차장

문 보일 뿐인데 말로만 듣던 솜다리다. 솜다리는 서양 말로 에델
바이스다. 산 색깔은 온통 우중충한 잿빛이다. 토양이 화산재이
기 때문이다. 매표소 입구 주변 개울물도 잿빛이다.

　여전히 구름이 끼고 진눈깨비가 내리는 날씨다. 해발 2,500미터
쯤 되는 정상 주차장에는 서울 명동 거리보다 사람이 많다. 다행
히 바람이 별로 불지 않는다. 주차장에서 천지에 오르는 길은 세
갈래다. 제일 왼쪽 길 끝에는 군부대가 주둔하고 있어서인지 막
아놓았다. 천지에 오르는 길 입구에서 줄을 섰다. 낭떠러지에 면
한 좁은 길에 사람이 몰려들면 사고가 날 가능성이 매우 크기 때
문에 일정한 간격을 두고 오를 수 있도록 줄을 세워 순차적으로
사람을 올려보낸다. 천지까지 200미터쯤 되어 보인다. 워낙 사람
이 많아 복잡해서 모두 천천히 오를 수밖에 없다. 다행히 숨이 차
지는 않았다.

천지가 내려다보이는 정상 둘레 길에는 발 디딜 틈 없이 사람들로 가득하다. 구름이 끼어 있지만, 사람을 살짝 헤집고 내려다보니 천지 일부분만 보이는데 아래가 까마득하다. 약간 고소공포증이 있는 필자는 조금 앞으로 나아가 내려다볼 엄두가 나지 않는다. 어! 앉아서 쉬고 있는데 서쪽에서 햇빛이 나더니 순식간에 구름을 걷어간다. 천지 둘레 봉우리들이 맑게 보이고 장엄한 광경이 한눈에 들어온다. 내게 찾아온 행운이다. 장엄할 뿐만 아니라 성스러움마저 느껴지는 황홀한 광경이다. 내 일생에 이런 경험은 처음이다. 아마도 아득한 옛날 하늘이 처음 열리는 개천(開天)이 이

개천하는 백두산 천지

런 모습이었을 것이다. 백두산 정상에서 하늘이 열리는 감동적인 순간을 맛보았다. 백두산이 왜 민족의 영산인지 알겠다.

백두산이 해발 2,744미터이고 천지가 2,189미터이니 500미터 위에서 천지를 내려다본 것이다. 오른쪽으로 천문봉과 철벽봉 사이로 천지 물이 흘러내리는 계곡이 달문(達門)인데 구름에 가려 보이지 않는다. 아래 환승장에서 달문까지 등산이 가능하지만, 역시 날씨가 도와야 한다. 달문에서는 천지에 발을 담글 수 있지만 거기에서는 천지 수면이 눈높이이기 때문에 별로 장엄하지는 않을 것이다. 달문을 나선 물길은 우리가 텔레비전이나 화보 등에서 자주 본 장백폭포를 만들고 이어 압록강, 송화강, 두만강, 토문강이 된다.

장백폭포

중국 쪽에서 천지에 오르는 길은 우리 일행이 오른 길과 서쪽에서 오르는 길이 있다고 한다. 서쪽에서 오르는 중간에는 혼자 보기에는 아까운 야생화 군락이 있다고 한다. 언젠가 그 길로 꼭 다시 천지에 올라보리라. 북한 쪽에서 오르는 길은 중국 쪽보다 훨씬 급경사라고 한다. 통일되기 전이라도 남북이 자유롭게 왕래할 수 있어 개마고원에서 백두산에 오를 수 있다면 얼마나 좋겠는가! 고등학교 시절 읽었던 것으로 기억되는『백두산 근참기』에서 육당 최남선은 개마고원 쪽에서 천지에 올랐다. 백두산 정상 아래 주차장에서 환승장으로 내려오는 길은 아슬아슬하기 짝이 없다. 무서워서 경관을 감상할 엄두가 나지 않는다. 날씨가 좋아진 것이 정말 다행이다. 환승장에서 백두산 정상을 다시 바라보니 새삼 남북분단이 민족의 비극이라는 사실을 알겠다. 삼지연 비행장에 내려 오를 수 있는데 돌고 돌아 중국에서 오를 수밖에 없는 현실이다. 천지 한가운데로 북한과 중국의 국경선이 지난다.

천지는 청나라를 세운 아이신기오로(愛新覺羅) 씨족 발상지다. 옛날 옛적에 하늘에서 은고륜(銀古倫), 정고륜(正古倫), 불고륜(佛古倫) 선녀 세 자매가 천지에 내려와 목욕하면서 놀고 있었다. 갑자기 검은 새(玄鳥)가 하늘에서 빨간 과일(朱果)를 떨어뜨렸는데 막내 불고륜이 이 과일을 먹고 임신을 하게 되었다. 불고륜은 몸이 무거워 하늘로 날아오르지 못해 지상에 남고 두 선녀만 하늘로 날아올라 갔다. 불고륜이 아들을 낳았는데 그가 포고리옹순(布庫里雍順)으로 청나라 황제들의 조상이다. 청나라 역사책에 나와 있는 내용이다. 우리 동이족 조상 탄생 설화에는 이와 유사한 설화가 여럿 있다. 우리와 조상 탄생 설화를 공유하고 있으니 여진족은 우리 형제 민족일 것이다.

백두산은 우리 민족에게만 영산이 아니고 여진족과 거란족에게도 영산이었다. 거란족이 세운 요나라와 여진족이 세운 금나라와 청나라에서는 자연물인 이 백두산에 큰 벼슬을 내리고 매년 신하를 보내 천제를 지냈다. 그러나 지금 거란족은 민족 전체가 거의 사라졌고, 여진족인 만주족도 이름만 남아 있다. 만주족 인구가 중국에서 1천만 명이 넘는다고 하는데 현재 중국에서 만주족 말을 가르치는 초등학교도 없다고 한다. 여기저기 만주족 자치기라는 지명은 살아 있다. 우리는 독자적인 국가를 유지하고 정체성도 유지하고 있다. 거란족과 만주족 역사를 우리 역사의 일부로 인식하는 노력이 절실하다. 이들은 오랑캐가 아니다. 제국을 건설했던 형제 민족이다.

환승장 휴게소에서 간단하게 점심을 먹었다. 동북쪽을 바라보니 장백폭포가 멀리 보이는데 수량은 많지 않은 것 같다. 폭포로 가는 길은 잘 정비되어 있는 듯하다. 일행 중 젊은 축들은 폭포를 보러 떠났다. 안성호 군이 기어이 장백폭포 사진을 찍겠다고 나선다. 일행이 돌아올 때를 기다리면서 주위를 둘러보았다. 환승장 근처부터는 경사가 아주 완만하다. 장백폭포에서 내려온 물은 순차적으로 크고 작은 연못을 이루고 있다. 생각해보면 이곳 연못은 우리 민족의 전설이 서린 곳이다. 선녀와 나무꾼 전설도 이 근처 어딘가에서 생겨났다. 나무숲으로 둘러싸인 제법 큰 연못이 있는데 아마도 여기가 나무꾼이 선녀 날개옷을 감춘 곳인지도 모른다.

백두산 산록을 벗어나 통화로 가는 길은 400여 킬로미터다. 산골길과 고갯길로 이어진다. 그런데 산기슭에 인삼을 재배하는 밭이 계속 나타난다. 인삼 재배 기술의 핵심인 옮겨심기와 해가림 농법은 19세기 무렵 우리나라 개성 사람들이 개발했고, 다른 나라에 전파하지 않았는데 어찌 이곳에서 인삼을 재배하고 있을까. 우리가 중국에 수출하는 인삼 씨앗이 연간 3톤을 넘었다는 언론 보도가 생각났다. 중국에서 본격적으로 인삼을 재배하면 우리나라 인삼 국제경쟁력이 크게 떨어질 것인데 걱정이 된다. 인삼 씨앗은 보통 4년생 인삼에서 채취한다. 아마 중국은 한국에서 더 이상 인삼 씨앗을 수입하지 않을지도 모른다. 뿌리를 생산하는 대신 우선 인삼 씨앗을 채취해서 재배 면적을 늘려나갈 것이다. 인삼 씨앗은 값이 비싸다. 이곳 백두산 산록이 인삼 재배 조건이 좋지 않은 지역이라면 크게 걱정하지 않아도 될 것이다. 그러나 인삼이 본격적으로 재배되기 전에도 우리나라 평안북도 강계 사람들이 강을 건너 이 지역에서 산삼을 캤다는 기록이 남아 있는 것으로 보아 우리 인삼 재배 농민들의 미래가 걱정된다. 지금 우리나라에서는 산삼 세포를 배양하는 기술을 개발해서 산삼 진액을 생산하고 있지만, 농가들이 어려워질 것 같다.

조선족자치주 경계를 지나자 한글 간판이 사라진다. 백산(白山)

시 중간쯤 되는 곳에 임강(臨江)이라는 지명이 보인다. 임강은 강 건너 북한의 중강진과 마주하고 있는 곳이다. 임진왜란 와중에 민생이 피폐해지자 유성룡의 제안으로 중강진에 '중강개시'라는 시장을 개설해서 조선과 중국이 교역한 결과 민생에 크게 보탬이 되었다는 곳이 이곳이다. 왜 이 외진 곳에 중국과 교역하는 시장을 열었는지 알 수 없는 노릇이다. 백산시 경계를 지나면 통화(通化)시 지역이다.

어둑어둑해진 시간에 통화시 지역에 들어서서 한참 달리자 왼쪽으로 제법 큰 강을 끼고 길이 계속된다. 혼하(渾河)라고 한다. 밤 9시경에 통화만복특대주점(通化曼福特大酒店)에 도착했다. 소박한 호텔이다. 백두산에 오르려는 우리나라 학생 단체 여행객들을 만났다. 마땅한 식당이 없어서 가지고 간 라면과 양꼬치를 시켜 저녁을 해결했다. 점심과 저녁 모두 라면으로 때운 날이다.

5

아! 이곳이 그곳이구나!

중국의 행정 단위는 성(省), 시(市), 현(縣), 진(鎭), 향(鄕)으로 구성되어 있다. 진이 우리나라의 면에 해당하고, 향은 마을이라고 보면 된다. 오늘은 통화시에서 북쪽으로 삼원포진(三源浦鎭)에 있는 추가가(추씨마을), 고산자진(孤山子鎭), 광화진(光華鎭)에 있는 합니하(哈泥河)를 답사한다. 이 세 곳은 모두 통화시 지역이고, 대일 항쟁기 독립전쟁 간성(干城)을 길러낸 요람인 신흥무관학교가 있던 곳이다. 이어서 다시 남쪽으로 고구려 수도였던 집안(集安)까지 가야 한다. 대략 400킬로미터를 이동하는 빠듯한 일정이다.

삼원포 가는 길은 잘 가꾸어진 고속도로다. 길 양쪽은 온통 논이고, 야트막한 산기슭은 옥수수밭이다. 물론 이곳 벼농사는 모두 우리 민족이 일군 것이다. 한 시간 넘게 달려 삼원포에 도착했다. 유하현(柳河縣) 삼원포진은 우리네 시골 소읍과 다름없는 소박한 모습이다. 읍내 큰 길가에 삼원포조선족진 위생원이라는 병원이 보인다. 얼마나 반가운 이름인가. 우리 동포 숫자가 얼마인지 알 수는 없지만, 이 지역에 다수 거주하고 있음을 보여주는 징표다. 이 근처에서 추가가(鄒家街) 마을을 찾아야 한다. 이곳을 답사한 적이 있는 이덕일 소장과 김병기 박사는 계속 길 왼쪽 나지막한 산들을 주시한다. 추가가에 있는 대고산과 소고산 모습을 기억하고 있는 탓이다. 멀리 둥그런 산봉우리가 보이자 대고산이라고 한다. 일행 모두 정신이 번쩍 든다.

추가가는 추씨 집성촌이다. 우리에게는 희망과 한이 서린 마을이지만 지금은 후줄근한 농촌 마을에 불과하다. 마을 가운데로 난 길을 따라 대고산 자락으로 올라갔다. 그저 산자락일 뿐이다. 아무런 흔적이 없다. 그러나 1911년 4월 조국 광복을 위해 망명해온 선각자들이 이곳에서 노천 민중대회를 열고 경학사(耕學社)를 설립했다. 우당 이회영 선생 6형제, 석주 이상룡 선생, 일송 김

들판 가운데 동그랗게 보이는 산이 대고산이고 이 산자락이 추가가 마을

동삼 선생 등이 주역이었다.

경학사 초대 사장으로 이상룡 선생이 선출되었다. 경학사는 개농주의(皆農主義)와 주경야독을 표방했는데 주민자치와 독립투쟁을 위한 민간 자치단체였다. 이후 부민단(扶民團), 한족회(韓族會), 서로군정서(西路軍政署)로 진화해 나가면서 광복 투쟁의 중심이 되었다. 『동아일보』 1920년 8월 2일 자는 「봉천성 삼원보에 자치국」이라는 기사에서 "2,000호의 조선 만족이 모여 한족회가 다스리며 소·중학교 교육까지 하는 작은 나라를 이뤘다"라고 전한다. 이 보도는 아마도 우리 역사에서 공화주의에 기초한 자치를 천명한 최초의 언론 보도일 것이다. 이 정신이 민주공화국을 지향한 상해임시정부 국체와 대한민국 헌법 정신 모태가 되었다. 지금은 흔적도 없지만 위대한 공화주의 정신이 실천되기 시작한 곳이 바로 이곳 대고산 자락이다. 추가가는 제법 큰 마을이고 주위는 지

대고산과 추가가

저분한데 담배 심은 곳이 여기저기 보이고, 접시꽃, 나팔꽃, 코스모스가 무질서하게 피어 있다.

경학사 설립 후 한 달이 지난 1911년 5월 신흥강습소도 문을 열었다. 현지인들의 옥수수 저장 창고를 빌려서 개교했다. 추가가 마을 주위를 둘러보아도 지금은 옥수수 저장 창고는 보이지 않는다. 앞 사진에서 보이는 길 왼쪽에 널찍한 창고 비슷한 건물이 있는데 아마도 이 자리가 신흥강습소 터일 가능성이 커 보인다. 신흥강습소에는 일반학과 반과 군사학과 반이 있었다. 일제 눈을 피하고자 무관학교라는 이름 대신에 강습소라는 이름을 걸었다. 마을을 둘러보는데 갑자기 중국 공안이 나타났다. 낯선 사람이 마을에 찾아들면 누군가가 신고해서 곧장 공안이 와서 검문하는 나라가 중국이다. 이곳 추가가가 광복 투쟁 성지이기에 많은 한국 사람들이 다녀갔을 것이다. 현지 주민들이 100년 전에 있었던 역사를 기억하지 못하는 이름 없는 마을에 한국 사람들이 수시로 찾아오니 의아했을 수도 있겠다.

신흥강습소는 개교 다음 해인 1912년에 추가가에서 80킬로미터 정도 떨어진 합니하로 교사를 지어 이전했다. 애국지사들이 열망하던 무관학교가 드디어 마련된 것이다. 이회영 선생 6형제의 둘째인 영석(穎石) 이석영(李石榮, 1855-1934) 선생이 주로 자금을 댔다. 이회영 선생 6형제는 전 재산을 처분해서 만주로 망명했는데 그 대부분이 이석영 선생의 만석 재산이었다. 처분한 재산이 40만 원이었는데 쌀값 기준으로 환산하면 지금의 약 600억

원, 시가로 환산하면 약 5조 원이나 되는 재산이었다. 이석영 선생은 대과에 급제한 후 차관급 벼슬을 지내고 당시 59세 노인이었다. 자기 재산이 아깝지 않은 사람이 어디 있겠는가. 이석영 선생은 지극히 곤궁한 가운데 1934년에 상해에서 사망했고, 홍교(虹橋) 공동묘지에 묻혔다. 비록 현실에서는 실패한 삶일지 모르지만 자기 재산으로 민주공화정 씨앗을 뿌리고, 독립전쟁 간성을 길러내는 초석을 마련했으니 역사에서는 빛나는 삶이다. 우리 역사에서 자신의 재산을 가장 가치 있게 쓰신 분이 이석영 선생이다.

합니하 신흥강습소는 신흥중학교로 이름을 바꾸었다가 신흥무관학교로 불렸다. 1919년 3·1운동 후 애국 청년들이 이곳으로 몰려들자 이들을 받아들이기 위해 고산자로 학교를 옮기고, 고산자를 본부로, 합니하는 분교 형태로 운영되었다. 신흥무관학교가 개교할 때 교관들은 이장녕, 이관직, 김창환 등 대한제국 장교 출신이 주축이었다. 교장은 이철영, 이동녕, 이상룡, 여준 등이 차례로 맡았다.

추가가에서 합니하로 향했다. 합니하 가는 중간에 고산자가 있다. 고산자는 우리 식으로 면 소재지에 해당하는 진이다. 이곳을 몇 차례 답사한 적이 있는 이덕일 소장이 고산자 신흥무관학교 터는 옥수수밭으로 변했고 지금은 아무런 흔적이 없다고 한다. 일제 탄압으로 1920년 폐교될 때까지 대부분의 기간을 신흥무관학교가 합니하에 있었기 때문에 고산자 터 답사를 생략하기로 했다. 서운함을 어쩔 수 없다. 고산자에서 간단히 점심을 해결했다. 김병기 박사는 이 고산자 중앙 거리에서 우회전해서 한참 가면 백서농장이 있었다고 한다. 만주 호랑이라고 불리던 김동삼 선생이 주도해서 개척한 농장인데 사실은 독립군 밀영(密營)이었다. 무관학교 졸업생들이 모여 군사훈련과 농사를 병행한 둔전이었다.

고산자에서 들길과 산길을 30킬로미터 남짓 달리자 광화진(光華鎭)이다. 두 개 강이 만나서 하나로 흐르는 합수목이다. 초입에 마을 이름을 새긴 패루(牌樓)가 볼 만하다. 강폭이 넓고 수량도 제법 많다. 사람만 건널 수 있는 좁은 다리가 길게 걸려 있다. 오른쪽 사진에서 다리 건너 편편한 언덕 끝에서 바라보이는 강 건너에 신흥무관학교가 있었다.

정확한 학교 자리가 어디인지에 대해서는 몇 가지 설이 있다.

고산자 거리

합니하 인도교

김산과 님 웨일즈가 함께 쓴 『아리랑(Song of Ariran)』에 의하면 외부에서 보이지 않도록 산 능선을 따라 18개 건물이 있었고, 산 가운데에 20여 정보의 넓은 평지가 있었으며, 합니하가 천연 해자 구실을 했다고 하니 큰 길이 있는 강가에서는 잘 보이지 않는 지역에 있었을 것이다. 다음 사진에서 강 건너 오른쪽 구릉 너머에 평지가 있고 연이어 산이 계속되니 그 기슭에 교사가 있었을 가능성이 크다. 이 지역에는 지금 중국 군대가 주둔하고 있어 들어가 볼 수가 없다. 예나 지금이나 지형지물을 활용하여 군부대 주둔지를 결정하는 인간 지혜에는 큰 차이가 없음을 알겠다.

대일항쟁기 독립투쟁은 상놈들이나 하는 짓이라고 일제는 악선전했다. 그러나 신흥무관학교를 설립한 주역들은 당대 최고의 지식인들로서 사회 지도층이었다. 이들은 무장투쟁 근거지를 만

오른쪽 야트막한 산 너머가 신흥무관학교가 있었다고 추정되는 곳

주에 마련하고자 사전에 기획하고 면밀히 답사까지 해서 이곳에
왔다. 이회영과 양기탁 등을 중심으로 한 신민회, 이상룡 등 혁신
유림, 정원하와 홍승헌 등 양명학자들이었다. 이들은 순차적으로
압록강을 건너 유하현 횡도촌을 거쳐 삼원포에 모여서 광복 투쟁
의 기틀을 마련한 것이다. 이들의 처절한 심정을 이상룡 선생은
압록강을 건너면서 "이 머리는 차라리 자를 수 있지만(此頭寧可斷)
이 무릎을 꿇어 종이 될 수는 없도다(此膝不可奴)"라고 절규했다.
이들은 나라가 망하자 지도층으로서의 책무를 몸소 실천하신
분들이다.

 신흥무관학교는 10년 동안 3,500여 명 독립군 장교들을 길러
냈다. 특히, 일본 육군사관학교를 졸업한 일제 현역 장교였던 지
청천(池靑天, 1888-1957)과 김경천(金擎天, 1888-?)이 일본군을 탈
출하여 신흥무관학교 교관으로 합류함으로써 큰 반향을 불러일

으켰다. 지청천 장군은 후일 광복군 총사령관이 되었고, 김경천 장군은 연해주 항일 무장투쟁의 전설이 된 백마 탄 장군이다. 신흥무관학교 졸업생들은 봉오동과 청산리 전투에서 중간 간부로 청사에 길이 빛나는 공을 세웠다. 이후 의열투쟁과 무장투쟁 핵심 간부들은 대부분 신흥무관학교 졸업생들이었다고 해도 과언이 아니다. 신흥무관학교 출신인 김원봉 장군은 의열단 단장으로 의열투쟁 중심이었고, 조선의용대를 창설했으며, 광복군이 창군 되자 부사령관 겸 제1지대장을 지낸 불멸의 혁명 투사다. 제3지대장 김학규 장군도 신흥무관학교 출신이다. 이범석 장군은 신흥무관학교 교관을 지냈다. 많은 사람들이 익히 알고 있는『아리랑』주인공 김산(본명은 장지락)도 이 학교 졸업생이다.

신흥무관학교 졸업생 중에서 현재 이름이 알려진 분은 500여 명에 불과하다고 한다. 나머지 3,000명의 종적을 어디서 찾을 수 있을 것인가. 상당수는 광복 전쟁 와중에 중국에서 산화했을 것이다. 북한 정권 수립에 참여한 사람도 있었다. 광복된 조국에서 잊힌 이들의 이름이라도 찾아주는 노력이 부족하지는 않은지 성찰이 필요하다.

신흥무관학교 학생들 마음이 어떠했는지는 이석영 선생 아들 이규준이 재학 중에 쓴 다음 한시 두 편을 보면 짐작이 간다. 제목이 '가을밤 무예를 익히며 떠오른 느낌(秋夜講武有感)'이다.

大陸秋風倚刀歌 대륙의 가을바람 칼날에 우는데

腥塵血雨兩關河 피비린내 나는 혈우 산하에 가득하네

此疆爾界何沫較 이 강토 이 경계 어찌 거품에 비유하랴만

總是蝸牛角戲多 모두 달팽이 두 뿔 잡고 희롱하긴 많았네

錫類于天同胞是 하늘에 길이 복 받을 동포 여기 있으니

何優何劣亞爭多 어찌 낫다 못하다 다투겠는가

秩然玉帛休兵日 질서가 옥백처럼 바로 잡히면 군사들이 쉴 터이니

六大洲爲樂 一家 육대주가 일가로 기쁨을 누리리

(『新興敎友報』 제2호 55쪽. 중화민국 2년 9월 15일)

합니하를 떠나는 마음은 허전하다. "이곳이 그곳이구나" 하는
느낌만 안고 떠난다. 아무런 흔적이 없는 탓이다. 광복 71년이 되
었고 중국과 국교가 정상화된 지 30년인데 신흥무관학교 터에는
표지석도 없다. 대한민국 외교부는 중국 당국과 협의해서 하루
빨리 추가가, 고산자, 합니하에 표지석이라도 세워야 후손으로서
최소한의 도리를 다하는 것이다.

광복 후 초대 부통령을 지낸 성재(省齋) 이시영(李始榮, 1868-
1953) 선생은 신흥무관학교의 정신을 계승하고자 신흥대학교를
설립했다. 지금 경희대학교 전신이다. '신흥'이라는 이름이 살아
있다면 얼마나 좋을까! 신흥무관학교 개교기념일이 대한민국 육
군사관학교 개교기념일이 될 수는 없을까? 부질없는 생각들인가?

남쪽으로 압록강 강변 집안까지 오늘 가야 한다. 조금 달리자

어두워져서 밖이 보이지 않는다. 강을 끼고 길이 계속된다. 8시 넘어 집안에 도착했다. 향항성하일대주점이 오늘 밤 잘 곳인데 영어로 Hong Kong Holiday Inn과 연계된 호텔이다. 압록강변에 있는 조선식 불고기집에서 저녁을 먹었다. 서운한 마음을 채우느라 술을 제법 마셨다.

6

고구려 중심에 가다

고구려 수도였던 집안시에는 당연히 고구려 유적이 많다. 오늘은 집안시 북쪽 산기슭에 있는 장군총, 광개토태왕비, 광개토태왕릉, 고구려 무덤인 오회분을 먼저 답사한다. 이어 3킬로미터를 이동해서 환도산성과 그 주변을 답사한 다음 160킬로미터를 달려 환인으로 가는 일정이다. 이동 거리가 길지 않아 수월한 하루가 될 수 있기를 기대해본다. 그러나 답사에는 예상하지 못한 상황이 발생할 수 있어 어떻게 될지 모른다. 집안과 내일 답사할 환인 지역은 고구려 유적뿐만 아니라 대일항쟁기 독립전쟁 유적도 많다. 특히, 만주에서 활약한 독립군 3부인 정의부, 신민부, 참의부 중에서 참의부가 이 지역을 중심으로 활동했다. 그러나 이번 답사에서 독립전쟁 유적지는 훗날을 기약하고 고구려 유적을 주로 답사하기로 한다.

집안시는 남쪽으로 압록강에 면하고, 북쪽이 산이고, 동서로 압록강을 따라 도시가 형성되어 있다. 산기슭이 비교적 널찍하지만 도시 동쪽과 서쪽 끝은 폭이 좁다. 집안시는 고구려 국내성으로 알려져 있고, 여진족이 세운 금나라 때는 오국성(伍國城)이었다. 서기 1127년 금나라는 중국 송나라 수도인 개봉을 함락하고 송나라 황제 휘종, 흠종 부자와 2천여 명을 포로로 잡았다. 중국 한족 역사에서 황제 2명이 오랑캐(?)에게 포로로 잡힌 가장 치욕적인 역사인 정강지변(靖康之變)이다. 휘종과 흠종은 이곳 국내성에 유폐되어 일생을 마쳤다(흑룡강성 의란현이라는 설도 있다). 조선조 들어 수양대군(세조)이 일으킨 계유정난에 항거하여 거병한 함길도 절제사 이징옥(李澄玉)이 대금(大金) 황제를 칭하고 수도로 정한 곳도 이곳 집안이었다.

아침에 일찍 일어났다. 남향인 호텔 방 창문 밖을 내다보니 건

국내성 성벽

너편에 돌담이 가지런히 길쭉하게 쌓여 있다. 담 너머는 민가다. 누가 저런 돌담을 곱게 쌓았을까? 국내성 성벽의 일부일지도 모른다는 생각이 번쩍 들었다. 집안이 옛 국내성이니까. 허겁지겁 사진기를 챙겨서 돌담으로 다가갔다. 동행한 안성호 군에게 사진기 챙겨서 빨리 나오라고 연락했다.

국내성 성벽이었다. 최근 성벽을 복원했는지 알 수는 없으나 그 우아함이 놀랍다. 남아 있는 성벽은 높이가 어림잡아 3미터쯤 되어 보이고, 폭은 3걸음이 조금 넘는다. 표지판에는 원래 성은 사각형 평지성이고 둘레가 2,741미터라고 되어 있으나 동벽 300미터와 남벽 100미터 정도가 남아 있다. 1930년대까지도 남아 있던 남문 사진이 안내판에 새겨져 있다. 호텔 자리는 바로 성벽 밖이다. 커다란 돌덩이들이 여기저기 흩어져 있는데 깜찍한 모습으로 환하게 웃고 있는 큼지막한 도깨비 석각이 정겹다. 그용도는 알 수 없지만 아마도 우리 민족 심성을 상징하는 도깨비

국내성 성벽 밖 큰 돌에
새겨진 도깨비 상

집안에서 본 압록강 건너 북한

상일 것이다. 역사에서 망하지 않은 나라가 없었지만 아쉽게도 이곳 국내성에서는 고구려의 웅혼한 자태를 마음속으로만 그려 볼 수 있을 뿐이다.

성벽 바로 옆에 새벽 장이 열리고 있었다. 근처 농민들이 농사지은 채소와 과일, 백두산 산록에서 캔 인삼, 압록강에서 잡은 물고기 알 등이 거래되고 있었다. 소박하지만 활기찬 시장이다. 계속되는 여행에 지쳐 백두산 인삼 한 뿌리를 살까 했지만, 값이 만만하지 않다. 게다가 중국에는 가짜가 너무 많으니 조심하라는 말을 수없이 들은 터라 내키지 않는다. 어쩌다 중국이 우리로부터 이런 불신을 사게 되었는지? 거래를 흥정하는 왁자한 소음 가운데 정겨운 우리말도 들린다.

아침을 먹으면서 국내성 성벽을 우연히 답사했다고 이덕일 소장과 김병기 박사에게 말했더니 자기들은 이곳을 여러 차례 답사해서 잘 알고 있다고 한다. 왜 미리 얘기하지 않았느냐고 하자 알고 있는 줄 알았다고 한다. 그러면서 나의 답사 수준이 많이 발전했다면서 허허 웃는다. 우연히 돌담을 보고 국내성 성벽일지도 모른다고 이야기했다.

고구려 유물을 본격적으로 감상하기를 기대하면서 집안박물관으로 갔다. 기대가 크면 실망도 크다. 사진기와 가방을 가지고 들어갈 수 없었다. 중국 공안이 따라오면서 설명도 못 하게 막는다. 무엇이 걱정되기에 그러는지. 시선을 끄는 유물이 눈에 띄지 않는다.

압록강으로 이동했다. 폭이 넓고 수심도 깊어 보인다. 중국 쪽에는 선착장도 깔끔하게 마련되어 있고 부대시설들도 잘 갖추어져 있다. 건너편 북한 쪽 강변에는 별 시설이 없고 들판이 끝나는 산자락 마을이 고즈넉하다. 강 양쪽이 왜 이렇게 다를까? 아마도 지도자의 자세와 정치체제 때문이겠지만 씁쓸한 느낌을 지울 수 없다. 강변에 관광객과 젊은이들이 제법 붐빈다.

집안 북쪽 산기슭에 고구려 유적이 집중되어 있다. 고구려 20대 장수태왕(413-491) 능으로 알려진 장군총 위용은 우리를 압도한다. 잘 다듬은 화강석으로 건립한 피라미드다. 기단 한 변 길이가 33미터미터이고 높이는 13미터라고 한다. 꼭대기가 이집트 피라미드처럼 뾰족하지 않고 평평하다. 제사 지내는 건축물이 있었던

고구려 제20대 장수태왕 능

것으로 추정된다고 한다. 뒤에서 보면 앞으로 약간 밀려나 있으나 1,600년이 지난 지금도 완전한 상태로 웅장하게 서 있다.

장수태왕 능에서 왠지 발길이 돌려지지 않는다. 우리 역사의 빛나는 장엄한 순간에 서 있기 때문일 것이다. 옆에 딸린 무덤이 있다. 돌로 몇 층을 쌓은 위에 고인돌을 세운 특이한 무덤이다. 누구 무덤인지는 알 수 없다. 고인돌은 고조선식 무덤이고 적석총은 고구려식 무덤이니 두 형식이 결합한 무덤이다. 아마도 고구려가 고조선을 계승했다는 민족의식이 반영된 무덤일지도 모르겠다. 왕의 무덤인데도 능(陵)이라고 하지 않고 장군총이라고 총(塚)으로 부르는 중국 사람들 심사가 곱지 않다.

장수태왕 능에서 남서쪽으로 500미터 정도 거리에 광개토태왕 능이 있다. 우리 역사에서 가장 위대한 정복 군주가 묻힌 곳이다.

능 양식은 장수태왕 능과 같다. 그러나 윗부분이 무너져 내렸고 그 위에 이름 모를 풀들이 무성하다. 복원하지 않은 중국 정부의 무성의를 탓할 수만은 없다. 어찌 세월이 무상하지 않겠는가? 그러나 그 규모는 장수태왕 능의 2배다. 기단 한 변이 66미터이고 남아 있는 능의 높이가 15미터다. 민족의 영웅 무덤에 참배하는 것만으로도 가슴 벅찬 경험이다. 능 왼쪽 높은 곳에 창문처럼 출입구가 있다. 그 안쪽이 태왕의 시신을 안치했던 현실(玄室)인데 개방하고 있다. 올라가서 현실의 내부를 보았다. 위대한 태왕의 현실을 공개해 관광객을 유치해서 돈을 벌겠다는 당국의 의도가 전혀 유쾌하지는 않다. 안타깝게도 현실 내부는 지저분하기 짝이 없다. 게다가 규모도 아주 작다. 실제 현실인지, 아니면 적당히 돌을 빼내서 만든 공간인지 의심이 들 정도다. 언젠가 훗날 광개토

고구려 제19대 광개토태왕 능

광개토태왕비

태왕 능을 복원해서 우리 후손들에게 자랑스럽게 물려줄 수 있기를 소망한다.

광개토태왕비로 이동했다. 현장에서 비문은 잘 보이지 않는다. 선조들이 남긴 비문 중에서 일찍이 이 비석만큼 자부심과 확실한 세계관을 천명한 비문을 보지 못했다. 비문은 이렇게 시작한다. "이곳은 옛날 시조 추모왕께서 창업하신 터다. 추모왕께서는 원래 북부여 출신이시고, 하늘의 아들이시며, 어머니는 하백의 따님이시다. 알을 깨고 세상에 태어나셨으며, 나실 때부터 성스러움이 있었다.(惟昔 始祖鄒牟王之創基也 出自北扶餘 天帝之子 母河伯女郎 剖卵降世 生而有聖)" 추모왕은 성스러운 하늘의 아들이며 고구려가 세상의 중심이라는 천하관을 선포한 것이 이 비석이다.

조선조까지만 해도 이 비석이 광개토태왕비인지 몰랐다. 금나라 황제 비석으로 알려져 있었다. 일제 참모본부가 이 비문을 탁

본해서 그 내용을 공개하여 세상에 널리 알려졌다. 일제가 자신들에게 유리하게 비문을 조작했다는 비난을 지금도 받고 있다. 위당(爲堂) 정인보(鄭寅普, 1895-1950 납북) 선생이 『조선사연구』에서 해석한 비문이 가장 합리적인 내용일 것이다. 우리 민족사의 소중한 비석이지만 마음대로 사진도 찍을 수도 없는 실정이다. 그래도 몰래 찍었다. 높이 6.5미터, 폭과 두께가 1.5미터이니 우리 역사에서 최대 비석이다. 비석 자체가 보호 목적으로 유리 벽 건물에 가두어져 있다. 그러나 비석이 워낙 커서 사진에 그 전체를 담을 수도 없고, 물론 사진으로 글자를 식별할 수도 없다.

환도성으로 이동했다. 2대 유리왕 22년(서기 3년)에 비류수 강변의 홀승골에서 이곳 국내성으로 천도했다. 국내성이 평지성이고 산성이 이곳 환도산성이다. 그런데 막상 입구에서 환도산성을

환도산성 정면

바라보니 성벽은 많이 남아 있는데 그 지형이 우리네 산성과는 차이가 있다. 산성은 보통 성벽으로 골짜기와 능선을 연결하는 포곡식인데 이곳 환도산성은 뒤쪽은 높은 산으로 막혀 있고 남쪽으로만 통로가 나 있는 구조다. 만약 성이 함락되면 후퇴가 매우 어려울 것이다. 공격하는 적군은 남쪽 한곳에만 병력을 집중하면 되기 때문에 공성전이 비교적 단순할 것으로 보인다. 그래서인지 고구려 산성으로는 드물게 적에게 두 번이나 함락당했다. 동천왕 20년(246) 위나라 유주자사 관구검과 100년 후 고국원왕 12년(342) 모용씨의 연나라에 함락되는 치욕을 당했다. 성 안에는 건물 터가 여기저기 남아 있고, 성벽 복원 공사가 한창이다.

환도산성 아래에는 돌로 쌓은 무덤인 적석총이 많이 남아 있다. 대부분 도굴되었다고 한다. 사실 적석총 규모는 장난이 아니다. 왕의 무덤도 아닌데 지금 노력을 들여도 쉽게 만들 수 없는 규모들이다. 강성했던 고구려의 위상을 보여주는 유적이다.

집안 답사를 마치면서 여러 의문이 남는다. 고구려가 동북아 강국이었는데 어떻게 이 외진 곳을 근거로 국가를 통치했을까? 조세를 걷어 수로로 이송하는 일이 만만치 않았을 것이다. 압록강, 혼강, 요하, 대릉하 등을 비롯한 강과 발해를 이용한 수운이 잘 작동하고 있었던 탓일까? 아니면 5부(계루부, 소노부, 관노부, 순노부, 절노부)가 중심이 된 지방자치 조직이 잘 정비되어 있었던가? 역사적으로 제국의 수도는 국가의 중심이나 교통의 요충지에 위치하는데 고구려는 좀 의외다.

제4대 모본왕 2년(53) 고구려는 지금 북경 부근인 상곡, 어양, 우북평과 산서성 태원을 공격했고, 이 기록은 『후한서』에도 나와 있는데 아마도 집안 근처에서 군대가 발진하지는 않았을 것이다. 다음 왕인 태조왕 때에는 요서에 10개 성을 쌓았다 하니 모본왕 때 점령한 지역을 영구히 지배하고자 쌓은 성일 것이다. 이런 사정을 감안해보면 고구려의 중심 세력들이 초기에는 지금의 요서 지역에 집중되어 있었다고 볼 수밖에 없다. 학자들의 심도 있는 연구가 필요해 보인다.

7

비류수 강변에서 자고 오녀산성에 오르다

해지기 전에 환인(桓仁)에 도착했다. 고구려 시조 추모왕(동명성왕)께서 나라를 열고 도읍하신 곳이다. 필자가 젊었을 때는 중국과 수교가 되지 않아서 이곳을 답사할 수 있을 것이라고 상상도 하지 못했다. 오늘 밤 묵기로 되어 있는 융흥국제대주점(融興國際大酒店)은 바로 비류수(沸流水) 강변에 있다. 이 근처 어느 곳에서 동명성왕이 서기전 37년에 고구려를 세우고 갈대를 덮은 궁실을 지었다. 우리 민족국가 고구려의 출발점에 지금 서 있는 것이다. 비류수는 지금은 혼강(渾江)이라고 불린다. 강폭도 넓고 수량도 많다. 상류에 댐을 막았는데도 수량이 많다. 풍광도 수려하다. 2,050년 전 동명성왕이 주무시던 근처에서 필자도 하룻밤을 지내게 되니 어찌 기분이 담담할 수 있겠는가!

해가 저물어 고려성에서 저녁을 먹기로 하고 버스를 타고 호텔을 나섰다. 환인현 중앙로를 지나는데 어! 길 이름이 '조양로(朝陽

路)'다. 게다가 패루에도 조양문이라고 쓰여 있다. 조양은 '아사달'의 한자 표기다. 만주를 답사하다 보면 조양이라는 지명을 자주 만나게 된다. 장춘에도 있고, 하얼빈에도 있고, 멀고 먼 북만주 알선동굴이 있는 아리하시에도 있다. 아사달은 단군 왕검이 최초로 도읍한 곳인데 만주 곳곳에 아사달이라는 지명이 지금까지 남아 있으니 역사는 쉽게 지워지지 않는다는 사실을 다시 한번 확인하게 된다.

고려성 주인은 광해군 때 명나라와 후금(청나라) 전쟁에 명나라 지원군으로 참가했다가 후금에 항복한 강홍립 장군 부하 중에서 그대로 만주에 눌러앉은 조선군 후예일 가능성이 크다고 한다. 400년이 지났는데도 아직도 우리말을 사용하고 있으니 놀랍다. 고려성 창문으로 멀리 보이는 오녀산성은 그대로 한 폭의 명화라고 들었지만 밤이어서 그 명화를 볼 수가 없다.

음식은 간이 조금 짜기는 하지만 입맛에 맞는다. 우리 일행 외에 20여 명 젊은이들이 요란하게 저녁 식사를 하고 중국 노래와

비류수

멀리서 바라본 오녀산성

한국 노래를 번갈아 부르면서 신나게 논다. 너무 소란스러워 짜증이 날 정도다. 어떤 젊은이들이냐고 살짝 물었더니 이 지역 출신 동포 청년들로서 중학교 동기들이라고 한다. 모두 고향을 떠나 북경, 천진, 청도, 서울 등에서 일하다가 중학교 졸업 몇(?) 주년 기념으로 재회한 모임이라고 한다. 동포 청년들이라는 말을 듣자 짜증이 어느 틈에 사라지고 '그래 더 신나게 놀아라'라고 격려하는 마음이 우러난다. 사람이 너그러워지는 것도 잠시다. 저들은 모르겠지만 필자로서는 동족의 정이 발동한 탓일 것이다. 이곳 환인은 만주족 자치지역이다. 만주족 역할은 거의 없고 이름뿐이라고 한다. 우리 동포들도 많이 살지만 지금은 대부분이 대처로 나가고 노인들만 남아 있다고 한다.

비류수 강변에서 가뿐하게 하룻밤을 지내고 호텔에서 아침 식사 후 오녀산성으로 향했다. 추모왕이 "비류곡 홀본 서성산 위에 도읍을 세웠다"고 전하는 곳이 오녀산성이다. 버스를 타고 한참 가자 멀리 웅장한 바위산이 눈에 확 뜨인다. 어쩐지 오녀산성일 것이라는 예감이다. 사진에서 본 모습과도 일치한다. 정상 부분에 바위가 직각으로 서 있고 그 위에 널찍한 평지가 펼쳐져 있는 장엄한 산이다. 산 모양만 봐도 고구려 산성이 있을 만한 곳으로 짐작이 되는 산세다. 눈대중으로도 이 산성은 난공불락으로 보인다. 그런데 산 정상이 온통 바위인데 물이 있을까?

오녀산성 아래에 도착하니 박물관이 있고 깔끔한 고구려시조비(高句麗始祖碑)가 서 있다. 비 머리 부분에 삼족오를 멋지게 새겨 놓았다. 박물관 내부를 대충 둘러보고 산성 정상으로 향했다. 그런데 산성으로 오르는 경사가 장난이 아니다. 아마도 경사도가 거의 70도는 되어 보인다. 청춘이 한참 지난 필자와 박정신 교수

오녀산성 입구
고구려 시조 추모왕 비석

는 이 비탈길을 어떻게 올라갈 것인지 정말 난감하다. 여기까지 와서 오녀산성 답사를 포기할 수는 없다. 정상까지 계단이 놓여 있다니 차근차근 올라보기로 한다. 먼저 50계단씩 오르고 쉬었다가, 다음에는 70계단씩 오르고 쉬고, 다음에는 100계단씩 올라보기로 박정신 교수와 약속하고 출발했다. 일행 중 젊은 사람들은 어느새 앞서가고 보이지 않는다. 좀 야속하기도 하다. 의사인 신종근 선생이 우리 두 사람이 걱정돼서 천천히 앞서간다. 다행히 나무가 울창해서 그리 덥지는 않다. 결국 우리 두 사람도 정상에 올랐다. 정말 다행이었다. 아마도 일행들보다는 30분 이상 늦게 도착했을 것이다.

산 정상 남쪽과 서쪽은 100~200미터 직각 절벽이고 동남쪽 절벽은 500미터가 넘는 아찔한 낭떠러지다. 북쪽은 절벽은 아니지

오녀산성 천지

만 역시 급경사다. 산의 높이가 820미터다. 정상은 동서가 300미터, 남북이 1,000미터 정도인 넓고 평평한 암반인데 잡목 숲이다. 여기저기 주거 유적이 남아 있다. 아래를 내려다보니 까마득히 환인이 일망무제로 들어오고 아무리 생각해도 공격해 올라오는 것은 정말 무모해 보이는 지형이다. 오녀산성을 돌아 흐르는 비류수를 막아 댐을 만들었는데 경치가 그만이다. 국내성과 환도산성처럼 오녀산성 역시 평지성인 하고성자성과 짝을 이루었지만 평지성의 흔적은 지금 거의 찾을 수 없다. 특히 산 아래에 고구려 적석총 무덤군이 있었는데 대부분 수몰되고 남은 것이 별로 없다. 안타까운 현실이다.

댐으로 수몰된 저 아래 어느 곳에 횡도촌이라는 마을이 있었다. 나라가 일제에 망한 1910년 강화학파, 신민회, 혁신유림 등이 나라를 되찾고자 기획해서 집단으로 망명하여 일차로 집결한 마을이다. 그 중심에 이회영, 이상룡, 정원하, 김대락 등 순국선열들이 있었다. 이 분들이 어찌 이곳을 선택했을까? 허둥지둥 재산을 처분하고 그 추운 겨울에 몰래 솔가하여 압록강을 건너고, 마차를 타고, 걸어서 여기까지 온 것이다. 지금 나라가 다시 그런 곤경에 처한다면 그럴 수 있는 사람들이 누구일까?

여기저기 산성 유적이 남아 있다. 정상이 암반인데도 불구하고 신기하게도 천지(天池)라는 우물이 있다. 길이가 5미터, 폭이 2미터쯤 되는데 수심은 깊지 않다. 추모왕도, 장군도, 병사도 모두 마셨던 우물일 것이다. 물이 있으니 사람이 거주할 수 있는 성을 쌓을 수 있었을 것이다. 지금 천지는 좀 지저분하다. 아무도 이 물을 마시지 않는 것 같다. 우물 주위 나뭇가지에는 울긋불긋한 천조각이 걸려 있고, 조그마한 관우상도 모시고, 우물 속에는 동전이 널려 있다. 복을 빌고 공들이는 중국 사람들의 짓이다.

그런데 이 난공불락인 오녀산성을 함락시킨 사람이 조선 태조 이성계라고 『동국통감』은 전한다. 고려 공민왕 19년(1370) 이성계는 기병 5천과 보병 1만 명을 이끌고 압록강을 건너 여진족 정벌에 나섰다. 여진족 추장 고안위(高安慰)가 우라산성(亏羅山城)에서 마지막까지 저항했는데 이 우라산성이 오녀산성이다. 이성계가 편전(片箭) 70대를 쏘아 모두 명중시키자 고안위가 줄에 매달려 산을 내려가 도망했다. 지형으로 미루어 보면 아마도 정상 부근이 아닌 절벽이 시작되기 전 산의 중턱에서 편전을 쏘았을 것이다. 절벽 바로 아래에서는 산 정상에 웅크린 적을 볼 수 없는 지세다. 명궁 추모왕이 건설한 난공불락의 산성을 그 후예인 명궁 이성계가 1,400년 후에 함락했고, 두 분이 모두 개국 시조이니 인연이라면 인연이다.

산성에서 뒷쪽으로 내려오는 길은 절벽에 설치한 잔도인데 지금은 수리 중이다. 깎아지른 경사면을 조심조심 내려올 수밖에 없다. 그래도 오를 때에 비해서는 수월하다. 막상 성에서 내려오다 보니 고안위가 왜 줄을 타고 도망했는지 짐작이 간다. 그만큼 험하고 위험한 길이다. 내려오는 길 여기저기에 옛 성벽이 남아 있고 성문터도 보인다. 옛적 이곳을 근거지로 삼았던 건주여진

유적을 설명하는 안내판도 있다.

이성계가 이곳을 점령했다는 사실은 원과 명 교체기에 이 지역을 고려가 사실상 지배했음을 의미한다. 고려의 북쪽 국경이 신의주와 원산을 잇는 선이라는 조선총독부가 창안한 국경선이 틀렸음을 알겠다. 이곳 오녀산성은 압록강에서 북쪽으로 150킬로미터 이상 떨어져 있다. 최근 고려 북방 강역을 재조명하는 연구가 활발히 진행되고 있음은 다행이다.

오녀산성을 내려와서 주차장에 있는 한국식 김밥집에서 김밥과 즉석라면으로 점심을 때웠다. 김밥집 주인은 우리말을 우리처럼 하는 동포였다. 값도 싸고 입맛에 맞았다. 서쪽으로 본계시를 거쳐 심양-단동 고속도로를 타고 신의주 건너편 단동으로 가야 한다. 가는 도중에 시간이 허락하면 고구려 산성인 봉황성을 답사하기로 한다.

버스를 타자 오녀산성 오르는 데 너무 힘을 쏟은 탓인지 졸음이 몰려왔다. 버스 타고 가면서 스쳐 지나는 경관을 즐기는 필자는 좀처럼 차에서 잠을 자지 않는데 어쩔 수 없었다. 한잠 자고 났더니 비가 추적추적 내리고 있었다. 중국 역사책『삼국지』「위지동이전」에 고구려에는 집집마다 부경(桴京)이 있다고 했는데 지나가는 농가 마을에 부경이 보인다. 1,800년 전 기록에 나와 있는 창고 형식이 지금까지 전해지고 있다는 게 놀랍다. 길림성과 요녕성 동부 지역을 지나다 보면 대부분의 농가에 부경이 있는데 곡물 저장 창고다. 오두막 같은 건물이 부경인데 창고 바닥이 땅에서 몇 자 띄워져 있다. 심양-단동 고속도로로 들어가기 위해 본계를 경유하지 않고 더 남쪽으로 최근 완공된 동서 고속도로로 접어 들었다.

비가 계속 내린다. 봉황성 답사를 생략하기로 한다. 아마도 필자는 봉황성과 인연이 아직은 없나 보다. 수년 전에 차로 봉황산 정상에 오를 기회가 있었다. 봉황성 꼭대기에서 성 전체를 조감할 수 있는 기회였기에 기대가 컸다. 그러나 정상에 오르자 구름이 꽉 끼어 아무것도 볼 수 없었다. 오늘도 구름이 끼고 비가 오니 어쩔 수 없다. 성이 아직 잘 보존되어 있다고 한다.

봉황성이 오골성이다. 평지에 우뚝 솟은 바위산 덩어리 꼭대기 가운데에 쌓은 성이다. 바위산 능선이 성벽이고 능선이 끊어지

오골성을 품은 봉황산

는 곳에 성벽을 쌓아 이었다. 전체 둘레가 16킬로미터로 고구려 성 중에서 압록강 이북에서 제일 큰 성이다. 봉황성은 고구려 마지막 거점 방어성이었고, 이후에도 우리에게 치욕이 교차한 성이다. 관구검이 쳐들어와 환도성을 함락할 때 거쳐온 곳이 오골성이고, 요나라가 고려에 침입할 때 발진 중간 기지가 여기였고, 청나라에 인질을 교체할 때 가는 사람과 오는 사람이 교대한 곳도 이곳이었다. 병자호란 후 삼전도 비문을 쓴 이경석이 청나라에 잡혀 가 억류당해 있던 곳도 여기였다. 인연이 닿지 않아 보지 못했지만 정상에서 내려다보면 장엄할 것이다.

단동에서 심양 가는 길은 연암 박지원 선생의『열하일기』에 나오는 행로의 일부다. 압록강 하구 박작성에서 북쪽으로 구련성, 봉황성으로 이어진다. 구련성은 압록강에서 30킬로미터 정도 떨어져 있는데 청나라 때 세관인 책문(柵門)이 여기에 있었다. 이는 청과 조선의 국경선이 압록강보다 북쪽에 있었음을 의미한다. 언젠가 시간을 내어 단동에서 심양까지 가는 선상에 있는 고구려 성들을 답사해보리라.

8

비사성은 아사달에 있었다

아침에 일어나니 어제 내리던 비가 말끔하게 개었다. 단동에는 답사할 곳이 많다. 단동은 압록강 하구 북한 신의주 건너편에 있는 도시다. 강 가운데 이성계 요동 정벌군이 회군한 위화도가 있고, 대일항쟁기 임시정부 교통국 근거지로서 아일랜드 사람 조지 쇼가 경영하던 이륭양행이 있었고, 만주로 망명하는 항일지사들의 거점이었다. 시내 중심에는 중공 정권이 6·25전쟁 때 북한을 지원한 것을 기념하는 기념관이 있다. 단동에서 심양을 잇는 고구려 성 중에서 가장 남쪽에 있는 박작성(泊灼城)도 이곳에 있다.

박작성은 648년 당 태종이 침입했을 때도 함락되지 않았다. 박작성을 지금은 호산산성(虎山山城)이라고 하는데 중국은 만리장성의 동쪽 시작점이라고 우기고 있다. 완전히 중국식 성으로 개조되었다고 한다. 오늘 일정에서 박작성은 생략하기로 하고, 압록강 유람선을 타고 신의주 쪽을 멀리서 둘러본 다음, 요동반도

해안 길 300킬로미터를 달려 반도 끝에 있는 비사성(卑沙城)에 오른 후 대련까지 가기로 한다.

압록강 유람선에는 항상 승객이 많다. 잠깐이면 이 강을 건너 북한 땅에 갈 수 있는데 멀리서 바라볼 수밖에 없는 현실이 바로 민족의 비극이다. 동행한 김병기 박사는 고향이 신의주에서 20리에 불과하고, 이덕일 소장의 고향은 30리 남짓이라고 한다. 비극이 아닐 수 없다.

일제 강점기에 세운 압록강 철교는 6·25전쟁 때 끊어진 채로 남아 있다. 그 옆으로 새 다리가 놓여 있다. 유람선은 강 가운데로 나아가 북한 쪽을 바라보고 강을 따라 내려간다. 수년 전보다 유람선이 좀 더 북한 쪽으로 가까이 가는 것 같다. 요란한 정치선전 구호가 북한 쪽에 걸려 있고, 별로 변하지 않았다. 도저히 움직일 수 없을 것 같은 고물이 된 우중충한 크고 작은 선박들이 북한 쪽

북한 쪽에서
바라본
6·25전쟁 때
끊어진
압록강 철교

압록강에서 바라본 신의주

강안에 버려져 있다. 우리가 손을 흔들자 북한 주민들도 손을 흔들어 답한다. 전에는 이런 반응이 없었다.

신의주를 바라보았지만 별로 유쾌하지는 않다. 여기저기 건설 공사가 진행되고 있고 제법 높은 건물도 몇 개 들어섰으나 수년 전과 별로 달라지지는 않았다. 신의주와 단동의 개발 정도는 최소 50년 차이가 있어 보인다. 체제와 사고 차이가 이런 격차를 만들어낸 것이다.

압록강에서 제일 큰 섬이 위화도이고, 그다음이 황금평(黃金坪)이다. 유람선에서 내려 버스를 타고 해안 길로 접어들자 곧 길쭉한 큰 섬이 나타난다. 황금평이다. 북한 당국이 중국인을 책임자로 임명하고, 중국과 홍콩 자본을 유치하여 대대적으로 개발하겠다고 발표한 섬이다. 발표 후 여러 해가 지났으나 황금평에는 아직도 벼가 무럭무럭 자라고 있다. 마을은 보이지 않는다.

어! 그런데 좀 이상하다. 통상 강이 국경이면 강 가운데로 국경선이 지나는데 황금평은 중국에 바짝 붙어 있다. 압록강 하구는 강폭이 대단히 넓고, 강 가운데를 기준으로 황금평은 중국 쪽에 위치한 섬인데 북한 영토다. 아래 사진에서 보는 바와 같이 중국과 육지로 연결된 곳도 있다. 중국과 북한이 국경을 획정할 때 어떻게 황금평이 북한에 속하게 되었는지 궁금해진다. 일설에는 북한이 백두산 천지 가운데로 국경을 양보하는 대신 압록강에 있는 섬들 대부분을 북한 영토로 인정받았다고 하는데 사실 여부는 확인할 길이 없다. 황금평 면적이 여의도보다 조금 작다고 하는데 실제 보기에는 훨씬 커 보인다. 버스를 타고 한참 가도 섬이 계속된다. 좋은 시절이 돌아오면 이 섬은 중국과 북한 경제협력 지역으로는 최상의 조건을 갖춘 곳임이 확실하다.

철조망 너머가 북한 황금평으로 사진 가운데 좁은 도랑이 중국과의 국경

지금 요동반도 동해안 길을 따라 남쪽으로 내려가고 있지만 사실 조금 내륙으로 들어가면 상고시대 이래 우리 민족 역사 유적이 많다. 강상무덤과 누상무덤 등 고조선 유적, 고구려 산성들, 홍산문화의 백미인 옥기 원석을 캐낸 주암 옥광산 등이다. 보고 싶지만 일정상 다음 기회로 미룰 수밖에 없다.

그런데 단동을 뒤로하면서 스스로 강단사학자라고 자리매김하는 우리 식민사학계의 황당한 어거지가 떠오른다. 단동의 옛 이름이 안동(安東)이다. 식민사학자들은 중국 한나라 시기 요동군 서안평(西安平)이 지금의 단동이라고 주장한다.『삼국사기』는 고구려 태조왕이 요동 서안평을 공격해 대방령을 죽이고 낙랑태수와 처자를 사로잡았다고 전한다. 중국『후한서(後漢書)』에도 같은 내용이 기록되어 있다. 식민사학자들은 낙랑군은 지금 평양이고 대방군은 황해도에 있었다고 주장한다. 단동을 공격했는데 왜 평양에 있는 낙랑태수와 처자가 사로잡히고 황해도의 대방태수가 전사했는가? 단동을 서안평으로 비정하는 이유는 단동 옛 이름인 안동에서 안(安)이 서안평의 안(安)자와 같기 때문이란다.

『요사(遼史)』「지리지」에 의하면 요나라 상경임황부는 본래 한나라 요동군 서안평이다. 상경임황부는 지금의 내몽고 파림좌기인데 적봉(赤峯)시 서북에 있다.『후한서』「군국지」는 서안평과 대방이 모두 요동에 있다고 기록하고 있다. 이 기록들은 모두 서안평 위치를 비정하는 데 일관성이 있다. 글자 한 자가 같다고 안동이 서안평이라고 우기는 학자들 주장은 개그 수준이다. 낙랑이 평양이고, 대방이 황해도에 있었다는 사료는 물론 없다. 이러니 식민사학자들이 역사 강역을 팔아먹고 있다고 비판받을 수밖에 없다.

진한 녹색 카펫 같은 논이 펼쳐져 있는 해안 길을 몇 시간 달려 요동반도 끝자락에 다다르자 검은 바위산이 해안가에 웅장하게 자리하고 있다. 대흑산(大黑山)이다. 대련에서 20킬로미터, 금주에서 5킬로미터 거리에 있고, 황해와 발해를 감제할 수 있는 군사적 요충지다. 산정에는 지금도 중국 군대가 주둔하고 있다. 고구려는 일찍이 여기에 비사성을 쌓고 중원 세력의 동진을 견제했다. 동서남북 어느 방향에서나 성으로 오르는 길은 가파르기 그지없다. 당나라가 고구려를 침략했을 때 이 성에서 혈전이 있었고 고구려 병사 8천 명이 전사함으로써 함락되었다.

지금은 서쪽에서만 성으로 오를 수 있게 되어 있다. 산 초입에 성벽은 보이지 않고, 입장료를 받고 있으나 화장실을 비롯해 관리는 허술하기 짝이 없다. 소형 SUV를 타고 올라가야 한다. 해발 660미터인 산인데 오르고 내리는데 아찔하다. 정상까지는 올라갈 수 없고 7부 능선 정도에 있는 점장대까지만 입장이 허용되어 있다. 바다에서 비사성을 촬영하면 좋은 사진이 나오겠지만 이곳에서 찍은 사진은 그저 바위산일 뿐이다.

이 근처 아래쪽과 위쪽에 능선을 연결하는 성벽이 있을 것이다. 그러나 내려가 볼 수는 없다. 남쪽으로 황해와 발해를 품고 있는 위치다. 날씨가 미세먼지로 흐릿해서 정작 시원하게 조망이

안 된다. 사진도 흐릿하다. 이곳은 한 장소에서 바다(황해)에서 해가 떠서 바다(발해)로 해가 지는 것을 볼 수 있는 곳이라고 소개되어 있다. 고대인 눈에는 신기한 장소였을 것이다. 산 정상 이름이 옥황정(玉皇頂)이고 그 아래 옥황전(玉皇殿)이 있다고 안내문에 기록되어 있는데 도교 사원일 것이다. 점장대(點將臺)는 예전에 군사를 지휘하던 장소다. 점장대 흔적은 없고 대신에 당왕전(唐王殿)이라는 건물을 만들어놓았다. 당왕전 안에는 당 태종 이세민과 그의 신하들 상을 만들어놓았는데 별로다. 그런데 이세민이 황제인데 당황전이라고 쓰지 않고 당왕전이라고 쓴 게 이채롭다.

당왕전 밖 안내판에는 "3,200년 전 이곳은 하늘에 제사 지내던 터다(3200年前的祭天壇臺)"라고 써놓았다. 이 시기는 고조선 중기고, 여기는 고조선의 강역이었다. 바로 우리 조상들이 하늘에 제사 지내던 곳인 것이다. 강화도 참성단처럼 우리 조상들이 확실히 하늘에 제사 지내던 곳이다. 산성을 내려오자 놀랍게도 산 아

비사성 점장대에 지어놓은 당왕전

래 마을 이름이 조양(朝陽)이고, 길 이름도 조양동로와 조양남로로 나누어지고, 조양사라는 절이 있다. 조양은 물론 '아사달'의 한자 표기다. 이곳이 아사달이고, 산 위에서 하늘에 제사를 지냈다는 중국의 이 기록은 역사 흔적이 쉽게 지워지지 않는다는 구체적인 실례다. 비사성이 아사달에 있었다는 증거다.

늦은 오후 옛 여순감옥을 찾았다. 비행기를 타고 중국을 오가면서 요동반도를 내려볼 때마다 신채호 선생과 안중근 의사 등 항일혁명가들이 순국한 저 아래 여순감옥을 둘러보리라고 다짐했던 곳이다. 감옥은 '중국정법대학 감옥사학연구중심과 연구기지'와 '요녕사범대학 교학과연구기지'로 변했다. 건물은 깔끔하게 남아 있다. 아마 여러 차례 보수한 결과일 것이다. 감옥과 관련된 역사를 전문적으로 연구하는 곳으로 변했으니 이 감옥이 동북아 근현대사에서 차지하는 비중이 매우 중요함을 중국 당국도 인식한 방증일 것이다.

신채호 선생은 순국 후 고향에 안장되었으나 안중근 의사 시신은 고국으로 돌아오지 못하고 일제가 이 감옥 뒤 어느 곳에 매장했다고 한다. 국가에서 수차례 무덤을 찾았지만 결국 찾지 못했다. 여순감옥 뒤에는 지금 아파트 단지가 들어서 있다. 어디서 안 의사의 유해를 찾을 것인가? 지금 효창공원에 있는 안 의사 묘는 허묘다. 광복된 조국이 후손들에게 한을 남긴 것이다.

여순감옥 건물

3부

산동성,
홍산,
요서를 가다

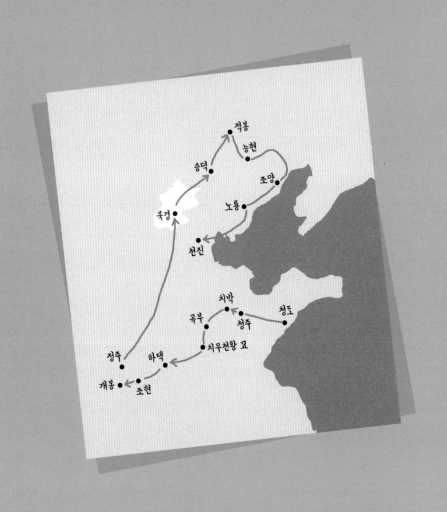

산동성과 내몽고 답사 경로

이번 답사 여행은 2016년 7월 29일부터 8월 6일까지 11명이 함께한다. 우리 고대사와 관련된 산동성, 시원 문화 유적인 홍산문화(紅山文化) 지역, 식민사학자들이 떼쓰며 아니라고 우기는 고조선 서쪽 경계를 답사한다.

산동성 청도(靑島)에 내려 청주(靑州)로 가서 고구려 유민 이정기(李正己) 자취를 찾아보고, 공자의 유적 곡부(曲府)를 둘러본 다음, 붉은 악마의 표상인 동이족 천자 치우(蚩尤)천황의 무덤을 답사한다. 이어 공자가 성인으로 평가한 탓으로 우리 역사에 황당한 영향을 끼친 기자(箕子) 무덤을 찾은 다음, 북송(北宋) 수도였던 하남성 개봉(開封)을 둘러보고 정주(鄭州)에서 비행기로 북경에 가서 한국에서 오는 답사 2진과 합류한다.

북경에서 연암 박지원 선생의 『열하일기』에 열하(熱河)로 나와 있는 하북성 승덕(承德)으로 가서 청나라 황제들의 피서산장을 둘러볼 것이다. 다음날 홍산문화 유적지인 내몽고자치구 적봉 (赤峰)시로 이동해서 홍산과 조선 고성인 삼좌점 산정 유지를 살펴본 후 조양(朝陽) 가는 길에 요(遙)나라 중경과 우하량(牛河梁)을 답사하고 하북성 노룡(盧龍)으로 간다. 노룡에서 백이숙제(伯夷叔齊) 흔적과 우리 고대사에서 낙랑군 조선현 자리인 영평부(永平府) 고성을 둘러보고, 낙랑군 수성현(遂城縣)인 창려(昌黎)로 이동해서 고대사 표지 지형지물인 갈석산(碣石山)에 오른 후 천진공항에서 귀국한다.

1

고구려 유민 이정기의 치청왕국을 아십니까?

인천공항에서 아침 8시 10분에 출발하는 중국 산동성 청도행 비행기를 타야 한다. 5시 40분까지 공항에 집결하라고 한다. 마포에서 이덕일 소장 부부와 함께 4시 55분 첫 버스를 탔다. 지난해 1만 원이었던 요금이 어느새 1만 5천 원으로 올라 있었다. 40분 걸려 공항에 도착했다. 지각한 일행이 없다. 준비물을 잘 챙기려고 신경 썼는데도 중국 도로망 지도를 빠뜨렸다. 청도까지 비행시간은 1시간 20분이다. 시차는 중국이 우리보다 1시간 늦다.

청도공항을 나서자 덥고 습한 공기가 확 몸을 덮친다. 고생 좀 하겠구나. 매년 통역 겸 답사여행을 안내하는 오 선생이 북경에서 와 기다리고 있었다. 38인승 버스를 대절했는데 그런대로 쓸만하다. 이곳 청도에는 사업에 성공한 가까운 친구가 몇 있지만 연락할 겨를이 없다. 산동성 서부 큰 도시 제남(濟南)으로 가는 고속도로를 탔다. 길 양쪽에는 버드나무 숲으로 가로수가 잘 조성되어 있다. 숲의 높이가 규칙적으로 차이가 나는 것으로 보아 베어내고 심기를 반복하면서 잘 관리하고 있는 것 같다.

한참 지나자 고속도로 양쪽에 비닐하우스가 끝없이 계속된다. 북쪽에 흙으로 담을 쌓고 남쪽으로 비스듬하게 설치한 비닐하우스다. 자세히 살펴보니 흙담에 구멍을 내서 통풍이 되도록 했다. 우리나라와 비교해서 특이한 구조다. 이 더운 곳에 웬 비닐하우스냐는 생각이 들었지만 모두 채소를 재배한다고 운전기사가 설명한다. 노지에는 온통 옥수수밭이다. 더덕을 재배하는 곳도 보인다.

고속도로 표지판에는 서주(徐州), 연주(兗州), 청주(靑州), 복양(僕陽) 등이 나타난다. 한국 사람들이 애독하는 『삼국지』 무대들이다. 특히 조조는 복양에서 여포를 격파하고 산동 지방을 장악했다. 유비는 서주에서 어려운 시기를 보냈다. 중간에 휴게소에 들렀더니 초만원이다. 중국호떡으로 점심을 때웠다. 내 평생 이렇게 더운 날은 처음이다. 청도에서 대략 250킬로미터를 달려 청주박물관에 도착했다.

중국 동북공정이 이 박물관에는 영향을 미치지 않은 것 같다. 동이족과 선비족 역사를 잘 써놓았다. 산동성이 상고시대에 동이족 활동 무대이며, 5호 16국 시대 중원을 통일한 선비족 탁발씨가 세운 북위 시기에 농업기술, 문화, 제도 정비, 민족 융합 등 여러 면에서 이 지역이 비약적으로 발전했다고 기술해놓았다. 『한서(漢書)』에 의하면 청도에서 북쪽으로 발해를 끼고 만리장성의 동쪽 기점인 갈석산 부근까지 연안 지역은 위만조선이 망한 후 우거왕 아들 장항과 항복한 신하(참, 한음, 왕겹, 장, 최)들을 한 무제가 제후로 봉한 지역이다. 중국 역사에서 봉지는 제후들 근거지임을 생각해보면 이곳 산동반도 북쪽 해안 지역과 발해 연안이 다음 사진에서 보는 바와 같이 위만조선에 앞선 고조선 강역이었을 가능성이 크다.

중국의 저명한 역사학자 여사면(呂思勉)의 『중국민족사』에 의하면 이 지역을 한때 통치했던 모용씨 연나라와 고구려는 말이 통했다고 한다. 모용씨는 선비족 부족이다. 따라서 북위를 건국한 탁발씨와 모용씨가 같은 선비족으로 서로 말이 통했을 것은 자명하니 북위와 고구려도 말이 통했을 것이다. 선비족은 우리와 뿌리가 같은 형제 민족이다. 전문 학자들이 깊게 연구해야 할 분야다.

산동성 지역은 춘추전국시대에는 제나라 강역이었다. 이어 진시왕의 진, 한나라, 조조의 위, 사마씨의 진, 선비족의 위, 동위, 고구려 고씨의 북제 강역에 속했다가 수나라가 중국을 통일하면서 온전한 중국 영토가 되었다. 이어 들어선 당나라가 쇠퇴기에 접어들면서 고구려 유민 이정기(李正己, 732-781)와 그 후손들이 산동성과 하북성 및 하남성 일부와 낙양까지 장악하여 중국 대륙에서 당나라와 55년 동안 대치했다. 유일하게 청주박물관에서만 이정기를 다음 사진에서 보는 바와 같이 소개하고 있다.

이정기는 지금의 요녕성 조양(朝陽)에서 태어났다. 자신의 실력

항복한 위만조선 신하들을
제후로 봉한 지역
(출처: 한가람역사문화연구소)

으로 765년 나이 33세에 평로치청병마사, 해운압신라발해양번
등사(海運押新羅渤海兩番等使), 검교공부상서, 어사대부, 청주자사
가 되었다. 이 중에서 평로치청절도사는 낙양 동쪽 15개 주를 관
할하는 절도사이고, 해운압신라발해양번등사는 신라, 발해, 왜와
의 모든 왕래를 관장하는 직책이다. 나중에는 재상 직책인 동서
문화평장사에 봉해졌다. 당 조정이 이정기를 이렇게 대접한 이유
는 이정기의 협조 없이는 동쪽 지방 통제가 불가능했음을 보여주
는 것이다. 이정기가 죽자 아들 이납이 정식으로 제(齊)나라를 건
국했다. 제나라는 광활한 평야 지역 생산력과 북방 무역 및 소금
거래를 통해 막대한 재부를 축적했다. 특히 제나라는 막강한 군
사력과 함께 중국 물류 중심인 운하 요충을 차지하여 당나라를
압박했다.

이납이 34세로 요절하고, 아들 이사고도 일찍 죽고, 그의 이복

동생 이사도가 제나라 3대 왕이 되었다. 당시 당나라 사정이 얼마나 어려웠던지 신라에 원병을 요청했다.『삼국사기』헌덕왕 11년(819) 조는 장군 김웅원 지휘하에 군사를 3만 명 파병했다고 적고 있다. 아마 우리 역사 최초의 대규모 해외 파병일 것이다. 동북아 해상왕으로 알려진 장보고도 이 지원군 일원으로 참가해서 두각을 나타내어 성공의 기초를 닦았다.

그러나 819년 당나라 조정에서 보낸 자객에게 이사도 부자가 낙양에서 암살되어 제나라는 역사 속으로 사라졌다. 중국 역사책『당서』는 제나라에서 고구려 말이 사용되었으며, 고구려계가 지배층이었고, 한민족 풍습이 유행했다고 쓰고 있다. 이정기는 그 시대 영웅이었다.

청주박물관을 떠나 가까운 곳에 있는 고차(古車)박물관을 찾았

이정기에 대한 설명(산동성 청주시박물관)

李正己（732－781），高丽人。本
名李怀玉，唐宝应元年（762），为平卢
淄青兵马使，治东阳城。永庆元年
（765），李正己据青称藩，先后占有
青、淄、齐、沂、密、海、徐、兖等十
五州。"拥兵十万，雄踞东方，虽奉朝
朝廷而不用其法令，官爵、甲兵、
赋、刑杀皆专之。" 朝廷任命其为平卢
淄青节度使和押新罗、渤海两蕃使。
中二年（781）猝发病死，年49岁。
其子李纳，其孙李师古先后继任
李氏父子以青州为中心，统治今山东

다. 고대 마차를 전시해놓았는데 몇 년 전에 서안박물관 등에서 본 것과 별 차이가 없다. 이 지역은 춘추전국시대 제(濟)나라 수도였던 임치(臨淄) 부근이다. 제나라 박물관은 수리 중이어서 관람할 수 없었다.

옛 임치성을 찾았다. 고성 일부만 남아 있고 더 이상 훼손을 막기 위해 건물을 지어 유적을 가둬놓았다. 내부가 지저분하다. 성의 기반은 판축으로 조성했고 성벽은 판축에 벽돌을 덧입힌 것으로 보인다. 제나라는 강태공이 제후로 봉해진 곳이고, 후일 환공이 재상인 관중의 보좌로 춘추시대 최초 패자가 된 나라다. 관중의 언행을 모은 『관자(管子)』는 동양사상의 원형이다. 관중은 서기전 7세기 사람이다. 동양사상의 원형이 이곳에서 형성된 것이다. 유가와 법가는 모두 관중을 자신들의 비조로 받들었다. 관중 사상은 시대를 뛰어넘어 나라를 다스리고 조직을 운용하는 근본

제나라 임치성 표지석

을 설파한 이론과 실천이다.

제나라는 임치성 서문 밖에 오늘날 연구단지에 해당하는 시설을 마련해놓고 각 나라 학자들을 초빙해서 우대하여 학문 증진에 노력했다. 이때 모여든 학자들이 소위 직하(稷下) 학사들이다. 학자들의 환심을 사려는 왕의 허세도 있었겠지만, 이로 인해 중국 특유의 다양한 학문인 제자백가(諸子百家) 발전에 크게 이바지한 것도 사실이다.

버스 타고 지나가는 길에 임치성 남문 터라는 표지석이 보인다. 이 남문 근처 어딘가에서 고조선이 제나라와 싸워 이겼다. 『단군세기』에 의하면 고조선은 서기전 707년 장군 조을을 보내 연(燕)나라 도읍을 돌파하고 제나라 군사와 임치 남문 교외에서 싸워 승리했다. 이 근처가 바로 그곳이다.

임치성에서 35킬로미터쯤 떨어진 치박(淄博)시 은좌화미달대주점(銀座華美達大酒店) 호텔에 첫날 여장을 풀었다. 이 호텔은 라마다호텔과 연계되어 있는데 은좌라는 일본식 용어가 생경하다. 오늘 이동한 거리는 대략 320킬로미터다.

2

치우천황 묘에 참배하다

오늘은 곡부에 있는 공자 유적을 찾아보고 치우천황 무덤에 참배한 다음 하택(菏澤)시까지 가는 일정이다. 곡부까지 250킬로미터, 다시 치우총까지 80킬로미터, 하택시까지 120킬로미터, 대략 450킬로미터를 이동해야 한다. 여전히 찌는 더위다. 치박시에서 머문 호텔을 나서자 곡부로 가는 고속도로 가까운 진입구가 막혔다고 한다. 물론 이유는 알 수 없다. 중국 답사에서 흔히 당하는 사태라 별로 걱정하지 않았다. 운전기사가 다른 진입구를 찾느라 두 시간을 헤맸다. 오늘 최종 목적지인 하택시에는 늦게 도착할 수밖에 없다. 저녁밥을 제대로 먹기 어려울 것이다.

끝이 보이지 않는 평원이다. 지나는 길에 가끔 강이 보이기는 하지만 수량이 많지 않고, 무더운 여름이라 녹조도 끼어 있다. 제남(濟南)휴게소에 들어갔다. 휴게소 뒤에 소고산 저수지라는 제법 큼지막한 호수가 근사하다. 국수와 만두를 주문해서 점심을 먹었다. 습하고 더운 날씨에 소나기라도 한줄기 내려주기를 기대해본다. 이 지역 휴게소 시설은 그런대로 괜찮다. 여기서부터 산이 보이기 시작한다. 곡부로 가는 중간쯤에서 갑자기 바람이 세차게 불고 하늘이 컴컴해지더니 소나기가 억수처럼 쏟아진다. 이상도 하다. 하도 더워 소나기라도 한줄기 오면 좋겠다고 생각했는데 실제로 소나기가 쏟아진다. 하늘에 빌지도 않았는데. 지나는 길에 추성(鄒城)이라는 지명이 보인다. 맹자의 고향이다. 곡부는 노(魯)나라의 중심이고 공자의 고향이다. 예의와 학문의 고장이라는 추로지향(鄒魯之鄕)의 원조가 여기다.

얼마 지나지 않아 곡부 출구로 나와 공자 유적지 입구에 들어선다. 어! 그런데 근처에 소호 금천(少昊 金天) 묘가 있다는 표지판이 보인다.『사기』「오제본기」에 의하면 소호는 황제 헌원과 부인 뉘조 사이에 태어난 큰아들 청양(靑陽)이다. 서기전 2,474년부터 7년 동안 임금이었다. 소호 후손 중에 흉노 휴도왕이 있었고, 그의 두 아들이 전한(前漢) 무제에게 포로가 되었으나 본인과 후손들이 전한 조정에서 크게 성공했다. 후손 중에 김망(金莽)이 전한을 뒤엎고 신(新)나라를 세웠으나 곧 유수에게 망하고 후한(後漢)이 들어섰다. 김망이 소위 왕망이다. 김씨 일가는 망명할 수밖에 없었고 이들의 일부가 도착한 곳이 우리나라 남쪽이었다. 휴도왕 큰아들 후손이 경주 김씨 시조인 김알지이고, 작은아들 후손이 김해 김씨, 허씨, 인천 이씨 시조인 가락국 김수로왕이다. 기록이 맞는다면 소호는 역사에 나타난 필자의 첫 조상이다. 이 내용

은 신라 문무왕 비문,『삼국사기』「김유신 열전」, 미수(眉叟) 허목
(許穆, 1595-1687)의『기언(記言)』에도 나와 있다. 후손으로서 마땅
히 참배해야 하지만 단체 여행이라 후일을 기약해본다. 소호 묘
가 이곳 곡부에 있는지는 몰랐다. 묘가 이곳에 있으니 이 지역이
소호의 주된 근거지였을 것이다.

　공자 유적지에 도착해서 차에서 내리니 더웠던 날씨가 시원하
다. 세차게 내린 소나기 덕이다. 유적은 공자 사당, 묘, 일족들 무
덤으로 구성되어 있다. 유적 전체가 해자와 성곽으로 둘러싸여
있다. 문을 여섯 개 지나면 공자 사당인 대성전이다. 각 문은 송,
금, 청 등 중국 역대 왕조 황제들이 건설했다고 표지판에 설명해
놓았다. 홍도문, 대중문, 대성문 등이다. 아마도 문이 많을수록 유
적 권위가 높아지는가 보다. 고목들이 무질서하게 서 있어 태풍

공자 사당 대성전

이라도 불면 넘어져 건물을 손상할 듯하다. 대성전 규모가 엄청 난데 그 앞에 연기가 자욱하다. 보니 향을 피웠다. 대성전 안에는 공자 초상과 신주를 모셨다. 엉뚱하게도 돈을 넣는 큼지막한 상자가 버티고 있다. 돈 내고 소원을 빌어보라는 의미인가 보다. 원래 유학은 내세관이 없어 종교가 아닌데 세월이 지나면서 이렇게 변질되었다. 이는 절대로 공자가 원하는 바가 아닐 것이다.

김대중 대통령, 베트남 호치민, 북한 김일성도 이곳을 다녀갔다고 한다. 우리나라 유학자들에게는 이곳이 성지다. 우리나라에서는 각 군마다 있는 향교에서 매년 공자에게 제사하는데 중국 사람들도 믿기 어려운 현상일 것이다. 언젠가 한국 유림 3천여 명이 이곳에 모여 제례를 올렸다고 한다. 중국 사람들도 깜짝 놀랐을 것이다. 문화혁명 시절 공자도 반대하고 임표도 반대한다는 비림

비공(非林非公)이 구호였는데 지금은 중국에서도 공자는 존숭 대상이다. 정권이 안정되면 통치 이념으로 유학만큼 번듯한 사상이 없다. 인의예지의 정치, 모두가 행복한 대동(大同)사회, 예(禮)로 다스리는 소강(小康)사회를 지향하겠다고 선언하면 국민들의 기대감을 불러일으키기에 충분하기 때문일 것이다. 유적지 밖에 가게들이 너무 많다. 공자의 명언을 인쇄한 부채를 샀다.

곡부를 떠나 치우(蚩尤)천황 묘로 향했다.『한서』「지리지」에는 산동성 동평군 수장현 감향성에 치우천황 묘가 있다고 기록되어 있다. 지금 행정구역으로는 산동성 제녕시 문상현 남왕진이라고 하지만 어쩐지 찾기가 쉽지 않겠다는 생각이 든다. 치우천황은 월드컵 축구 경기 때 우리 응원단 '붉은악마'의 표상이다.『사기』 주석서인『사기집해』는 "치우는 옛날의 천자"로,『사기정의』는 한(漢)나라 때 사람 공안국(孔安國)을 인용하여 "구려의 임금 칭호가 치우(句麗君號蚩尤)"라고 기록하고 있다. 치우가 동이족 임금임을 중국인들은 알고 있었다.

『사기』등 중국 역사서들은 치우가 한족 조상인 황제 헌원과의 전쟁에서 패해 살해되었다고 기록하고 있다. 그러나 우리 기록은 중국 기록과 다르다.『환단고기』「신시본기」는 배달국 14대 치우천황이 황제 헌원과 10년 동안 73회 싸워 마침내 굴복시켜 신하로 삼았다고 상세하게 전하고 있다. 한나라 고조 유방은 전쟁에 나가기 전에 치우천황에게 제사부터 지냈으니 중국 역사에서 치우천황은 군신(軍神)이었음을 알 수 있다. 중국 역사서 기록과 당시 현실이 일치하지 않는다. 게다가 『관자』에서 지하자원을 이용하는 정책을 논한 「지수(地數)」 편은 광산을 관리하는 관리가 황제 신하 치우라고 기술했으니 앞뒤가 맞지 않는다.

중국 역사서들은 치우천황을 머리는 구리이고 이마는 무쇠인 동두철액(銅頭鐵額)의 무시무시한 사람으로 표현했는데 이는 우리 기록과 일치한다. 치우 집단이 가장 먼저 금속 무기로 무장한 전사였던 사실을 이렇게 기술한 것이다. 지금 하남성과 산동성을 가로지르는 회수(淮水)와 산동성 태산(泰山)을 중심으로 하는 회대 지역이 치우천황이 활동했던 지역이라는 데 중국과 우리 기록이 일치한다. 지금 북경 북서쪽 탁록에서 황제와 치우천황이 싸웠다는 기록도 같다.

우리 민간신앙에는 치우천황과 관련된 설화와 무속이 면면히 전해지고 있다. 그래서 월드컵 축구 응원단 상징이 치우천황을 표상하는 붉은 악마가 되었을 것이다. 우리 왕조 시대 군대에는

둑신사에 있었던 치우기(둑기)와 도깨비 상(출처: 조성재 블로그)

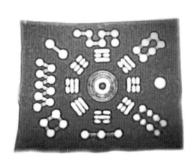

'둑기'라는 치우를 상징하는 깃발이 있었다. 지금은 없어졌지만 뚝섬에 둑신사라는 치우천황 사당이 있었다. 앞의 사진에서 보는 바와 같이 둑기와 도깨비 상이 이 사당에 있었다. 사실 뚝섬이라는 이름도 둑기에서 유래했다고 한다.

치우천황 무덤을 찾아가는 것은 우리 민족의 시원 조상에 다가가는 것이다. 문상현 남왕진에서 치우묘를 찾았으나 아는 사람이 없다. 전자 길안내기에 나타난 치우묘 자리는 마을 골목인데 무덤이 없다. 주민들의 말로는 옛날에 여기에 사당이 있었다고 한다. 마침 택시 기사에게 물었더니 안내해주겠다고 한다. 반신반의하면서 택시를 앞세우고 버스로 뒤를 따랐다. 남왕진 네거리에서 좌회전해서 1.5킬로미터 정도 가자 오른쪽에 버드나무 숲이 있고 숲 사이로 길이 나 있다. 버스에서 내려 얼마 걸어가자 버드

치우천황 무덤(산동성 문상현 남왕진 소재)

나무 숲이 끝나는 곳에 치우천황 묘가 있다.

묘 주위에 해자를 둘렀으나 물은 없다. 해자를 건너는 돌다리가 반쯤 무너져 있고 주위가 지저분하다. 봉분이 크지는 않으나 우뚝하다. 봉분 꼭대기로 올라가는 길이 있다. 평원에 있는 무덤이다. 묘 앞에는 무섭게 생긴 돌사자(?) 두 마리가 지키고 있다. 이곳에 치우총이라는 옛날 글자로 쓴 고비가 있었다고 하는데 흔적이 없고 최근에 새긴 표지석이 있을 뿐이다. 마을 주민 얘기로는 고비를 지난해에 도둑맞았다고 하는데 아마도 박물관에 보관되어 있을 것이다. 치우천황 묘를 답사한 것만으로도 여행 비용이 아깝지 않다.

주위가 어둑해지는데 우리 동이족 영웅, 위대한 조상 묘가 부실하게 관리되고 있어 마음이 씁쓸하다. 이 묘를 찾은 우리나라 사람도 많지 않을 것이다. 그런데 이곳 외에 여러 곳에 치우천황 묘가 있다. 그러나 치우천황의 주된 활동 지역이 이곳 회대 지역이므로 여기 무덤이 실제 무덤일 가능성이 크고, 『한서』「지리지」 기록과도 일치한다. 북경 북서쪽 탁록에도 치우천황 무덤이 있다. 그곳 묘는 아주 반듯하게 관리되고 있다고 김병기 박사가 전한다.

탁록에는 중국 3대 조상을 모시는 삼조당(三祖堂)이 있는데, 삼조가 염제 신농(神農), 황제 헌원, 치우천황이다. 동이족 선조인 치우천황을 우리가 신화로 취급하고 도깨비로 알고 지내는 동안 중국인들이 자기네 조상으로 입양한 것이다. 치우(蚩尤)에서 蚩(치)는 벌레, 어리석다, 더럽다는 뜻이다. 尤(우)는 더욱더라는 뜻도 있지만 수상하다, 괴이하다는 뜻이다. 결국 치우는 '괴이한 벌레 같은 놈'이라는 이름이다. 자기 조상 이름을 이렇게 나쁘게 짓는 후손이 있겠는가! 이러니 치우천황이 한족 조상일 수 없다. 사실 중국 사학자들은 이웃 나라 민족들 이름을 표기할 때 자기들 귀에 들리는 음을 나쁜 뜻의 한자로 표기해왔다. 예를 들어 우리 민족을 예맥(濊貊)족으로 기록했는데 '더러운 고양이 비슷한 놈'이라는 뜻이다. 절대로 우리가 한자로 표기해서는 안 되는 호칭이다.

황하가 가까운 하택시에 저녁 9시가 넘어 도착하자 여기저기 거리가 물바다다. 소나기가 세차게 내린 탓인데 이 도시 이름대로 지대가 낮아 물이 잘 빠지지 않는 지역인가 보다. 중국 4대 기서 중 하나인 『수호지』의 무대인 산동성 양산현도 여기서 멀지 않을 것이다. 숙박하기로 되어 있는 수읍백청주점(水邑柏靑酒店) 옆 식당에서 늦은 저녁을 먹었다. 값이 싸고 맛도 괜찮으나 퀴퀴한 하수도 냄새가 거슬린다.

3

기자는 중국 역사에서 그리 중요한 인물이 아니다

오늘은 하택시를 출발해서 조현(曹縣)에 있는 기자총(箕子塚)을 답사한 후 개봉(開封)까지 가는 일정이다. 버스로 330킬로미터 정도 이동하는 거리라서 비교적 수월한 하루가 될 것 같다. 그러나 기자총을 쉽게 찾지 못한다면 시간이 얼마나 걸릴지 알 수 없다.

하택시를 벗어나 조현까지 가는 길 70킬로미터는 놀랍게도 직선이다. 주위는 평원이고 온통 옥수수밭이다. 격자형으로 수로가 정연하게 나 있다. 우리가 달리는 길도 수로와 같이 간다. 조현은 산동성 서남 지역이고 하남성 상구(商邱)와 접해 있다. 조현은 『사기』「은본기」에서 말하는 박(毫)일 것이다. 『사기』에 의하면 은(殷)나라 중흥 군주인 14대 탕(湯)왕이 도읍한 곳이 박이고, 현재 기자총에서 멀지 않은 곳에 탕왕 묘가 있다. 자신의 본거지에 묻히는 게 자연스럽기 때문에 이지역이 박이 맞을 것이다. 조현, 상구, 하남성 안양(安陽) 일대가 은나라 중심지였다. 은나라는 상(商)

나라고도 하는데 우리와 같은 동이족 나라였다.

　한 시간 반을 달린 후 조현 현성 중앙 큰길이 끝나는 네거리에서 우회전해 기자묘를 찾기 시작했다. 조금 가다가 삼거리에서 좌회전해서 바로 합해초시(合海超市)라는 가게를 끼고 우회전했다. 초시는 우리나라 슈퍼마켓이다. 울퉁불퉁한 버드나무 가로수 길을 덜컹거리며 더 가자 마을이 나오고 삼거리다. 직진해서 갔더니 마을이 끝나는 곳에 큰 돌로 버스가 들어가지 못하도록 막아놓았다. 할 수 없이 다시 돌아와 삼거리에서 좌회전해서 버드나무 숲길을 계속 갔다. 수로에 놓인 다리를 두 개 지나자 제법 큰 마을이 나타난다. 정장진(鄭莊鎭)이다. 이 마을을 벗어나서 직진하니 다시 마을이 나타나고 조그마한 네거리에 과일가게가 있다. 여기에서 양쪽으로 과일가게를 끼고 좌회전해서 조금 가니 조성된 지 얼마 되지 않은 새 마을이다. 주민들이 웃통을 벗고 그늘에서 더위를 피하고 있다. 기자묘를 물으니 마을 끝 삼거리에서 오른쪽으로 가다 다리를 건너 옥수수밭 가운데에 있다고 한다. 알려준 대로 가니 제법 널찍한 수로 위에 다리가 있고, 주민들이 수로에서 낚시하고 있다. 다리를 건너니 농로 삼거리가 나오고 주위는 온통 옥수수밭이다. 삼거리에서 왼쪽으로 접어들었다. 이 평원 옥수수밭에서 어떻게 기자묘를 찾는단 말인가. 난감하다.

　답사에는 운이 따라야 한다. 마을 주민 한 사람이 짐칸을 붙인 오토바이를 타고 나타나서 안내하겠다고 한다. 옥수수밭을 헤치고 따라갔다. 날은 덥고 옥수수가 사람 키보다 크니 고역이다.

50미터쯤 옥수수밭을 헤치고 가니 기자묘가 있었다. 우리 상고사에서 논란의 중심이 된 기자묘를 찾은 것이다. 멀고 먼 서울에서 와서 마침내 기자묘를 찾았다. 이 노인이 없었다면 허탕쳤을 것이다. 초목이 무성한 여름에는 기자묘 답사를 피하는 것이 좋음을 알겠다. 노인에게 사례하려 했지만 끝내 사양한다. 오래된 무덤을 한국 사람들이 떼로 몰려와서 찾으니 아마도 마을 사람들에게 우리가 이상하게 비쳤을 것이다.

기자는 주나라 왕족이다. 『사기』에 의하면 은나라 마지막 주(紂)왕이 무도하여 기자가 간언하자 감옥에 가두었다. 주나라 무왕이 은나라를 멸망시키자 기자는 석방되어 조선으로 갔다. 그러나 『사기』「송미자 세가」는 주 무왕이 기자를 찾아가서 나라 다스리는 근본에 관해 질문하자 홍범구주(洪範九疇)를 설명했고, 주 무왕

기자묘

기자 약력과 묘 위치를 기록한 표지석

은 기자를 조선의 제후로 봉했으나 그를 신하의 신분으로 대하지
는 않았다고 전한다. 기자가 조선으로 이민 갔는지, 망명했는지,
제후로 봉함을 받았는지 기록이 명확하지 않다. 기자가 옮겨 간
조선이 지금 어디인지도 명확하지 않다.

  기자묘는 거의 방치되어 있다. 사진에서 보는 바와 같이 풀이
수북하고, 볼품없는 나무마저 묘 옆에 자라고 있다. 1980년대에
세운 비석이 은나라 태사 기자의 묘라고 말해주고 있다. 게다가
위치를 표사하는 좌표인 위도와 경도까지 표시해놓았다. 아마도
기자묘가 황폐해져 사라질지도 모른다는 우려 때문일 것이다.

  비석 뒷면에는 기자의 일생을 적어놓았는데 이상하게도 우리
쪽 기록들을 인용하고 있다. 한치윤의 『해동역사』를 인용하여 기
자가 일족 5천 명을 거느리고 조선으로 갔고, 홍범구주와 8개 법

우리 기록을 인용한
기자묘 비석 뒷면

조항으로 조선을 다스리다가 다시 중국으로 돌아왔다고 써놓았
다. 『삼국사기』 기록을 인용하여 고려 때 지금의 평양에 기자 사
당을 세웠고, 14세기에는 기자묘를 조성했다고 기록했다. 『해동
역사』 원문에는 명나라 때 편찬된 『삼재도회(三才圖會)』라는 책을
인용하여 기자가 5천 명과 함께 조선에 왔다고 되어 있다. 이 책
을 보지 못해 5천 명이 왔다는 최초 출전을 찾을 수는 없지만 고
대 역사책에는 이 기록이 없다. 참 씁쓸하다.

중국이 동북공정을 추진하면서 만리장성이 지금의 황해도에
서 시작한다고 지도에 그려놓았다. 그러나 『태강지리지(太康地理
志)』 등 중국 기록은 일관되게 하북성 동북부에 있는 갈석산 근처
에서 장성이 시작된다고 기록하고 있다. 명나라 때 조금 더 북쪽
인 산해관부터 장성을 쌓았다. 소위 국사학계 태두라는 이병도

씨가 일본 식민사학자의 견해에 따라 만리장성 동쪽 기점이 황해도 수안군이라고 주장한 것을 동북공정에서 그대로 써먹은 것이다. 만리장성 흔적이 수안군에 하나도 없는데도 단지 만리장성이 시작되는 낙랑군 수성현(遂城縣)의 遂(수)자가 황해도 수안군의 遂(수)자와 같다는 이유로 그렇게 비정했다. 『동국여지승람』에 의하면 만리장성을 쌓은 후 천 년이 지난 고려 때 수안군이라는 이름이 생겼다. 기자묘 비석 기록도 중국의 기록이 소략한 탓으로 한국 기록을 인용하면서 마치 기자가 우리 민족에게 큰 은혜를 베푼 것처럼 기록한 것이다. "보아라, 너희들이 그렇게 쓰지 않았느냐!"고 중국이 당당하게 주장하는 것이다. 중화 사대주의 역사관과 매국위증사학이 우리 역사를 바로 세우는 데 얼마나 큰 걸림돌인지 다시 한번 확인했다.

묘 관리에 정성도 들이지 않고, 비문의 내용도 별게 없으니 기자가 중국 역사에서 그리 중요한 사람이 아닌 것은 확실해 보인다. 묘 자체가 국가가 아닌 시에서 관리하는 유적이다. 그러나 우리 고대사에서 기자는 논란의 대상이다. 사대모화주의 유학자들과 매국위증사학자들은 우리 역사에서 단군조선이 기자조선에 망하고, 기자조선은 위만조선에 망하고, 위만조선은 한나라에 망하고 그 자리에 한사군이 설치되었다고 주장한다. 그리고 이들 나라의 중심이 지금의 평양이라고 주장한다. 기자가 하북성 동북부까지 왔을지는 몰라도 평양까지는 오지 못했다는 데 대체로 광복 후 연구 성과가 일치한다.

기자가 이곳 산동성 서남쪽 끝에서 평양까지 갔다가 다시 이곳에 와서 묻혔다는 주장은 현장에서 보면 믿기 어렵다. 이 근처가 은나라의 본거지고 기자의 고향이니 기자 무덤도 이곳에 있는 것은 자연스럽다. 『사기』「송미자 세가」 주석에는 양국(梁國) 몽현(蒙縣)에 기자 무덤이 있다고 되어 있는데 오늘날 하남성 상구 지역에 해당된다고 한다. 지금 기자묘가 있는 조현은 상구시와 붙어 있다. 근처에 기자가 독서하던 곳이 있다는 기록도 있다. 상구는 상(商)나라 언덕(邱)이라는 뜻이고 상나라가 은나라다. 이덕일 소장은 邱에는 언덕이라는 뜻도 있고 옛 터전이라는 뜻도 있다고 한다. 이곳은 평원이고 언덕이 없으니 邱의 뜻은 옛 터전이 확실하다.

이러니 지금 평양에 있는 기자묘는 허묘일 것이다. 왜 고려 때 평양에 기자 사당을 짓고 허묘까지 만들고, 조선에 들어서도 기자를 존숭했을까? 공자가 기자, 미자, 비간을 은나라 말기의 어진 인물 세 사람으로 평가한 데서 연유했을 것이다. 공자가 어진 인물로 평가한 기자가 조선에 와서 백성들을 교화했다고 하고, 주나라 무왕에게 홍범을 가르친 인물이 기자이니 기자가 조선 유학자들의 존숭 대상이 된 것이다. 조선 사대주의 유학자들의 역사관에 바로 이 기자 존숭이 반영되어 있다. 무왕이 기자를 조선의 제후로 봉했지만 신하가 아니었다는 기록은 조선이 무왕의 지배를 받는 나라가 아니었다는 것을 의미한다. 기자가 조선의 제후가 되었다 해도 고조선 서부의 좁은 지역에 불과했을 것이다. 며칠 후에 답사하기로 예정되어 있는 하북성 노룡현은 옛 고죽국(孤竹國) 땅인데 이곳이 기자가 제후로 봉함을 받은 지역이라는 중국 기록을 믿는다면 기자가 머문 지역은 난하(灤河)를 넘지 못했을 것이다.

현장에서 기자묘를 보니 기자가 평양까지 왔다는 주장은 자연스럽지도 않고, 사리에 맞지도 않고, 지리적 여건과도 부합하지 않음을 알겠다. 논란 대상인 기자묘를 찾고 보니 여행 경비가 아깝지 않다. 고대 문헌 기록이 사실임을 알 수 있다.

기자묘를 떠나 조현 시내의 허술한 위구르족 식당에서 점심을 먹었다. 낮술을 마시지 않는 필자도 찌는 날씨라 시원한 맥주를 한 잔 마셨다. 아침에 출발한 하택시까지 되돌아가서 개봉으로 가는 고속도로에 들어섰다. 고속도로 주변 경관은 별로 변함이 없다. 옥수수밭의 연속이다. 하남성에 들어서자 산동성과는 달리

평양의 기자묘(자료 : 북한 백과사전)

수양버들 가로수가 많다. 산동성 가로수는 대부분이 버드나무였다. 개봉(開封)시가 가까워지자 온통 볏논이다. 기후가 산동성과 별 차이가 없는데 식생은 구분이 완연하다.

개봉은 조광윤(趙匡胤, 927-976)이 세운 북송(北宋, 960-1127)의 도읍이다. 여진족 금나라가 개봉을 함락하자 남쪽으로 도망가서 다시 세운 송나라가 남송(南宋, 1127-1279)이다. 개봉에 들어서자 사방으로 나 있는 널찍한 대로가 시원하다. 오래된 도시가 아니고 신시가지임이 확실하다. 고층 건물들의 외관이 우아하다. 우리가 배워야 할 현장이다. 홀리데이인과 연계한 호텔에 짐을 풀었는데 별로다. 해가 졌는데도 너무 덥다. 황노자(黃老子)라는 오래된 만두 전문 식당에서 저녁을 먹었다. 맛이 일품이다. 내일은 개봉 옛 시가지를 둘러본 다음 정주로 가서 비행기로 북경으로 이동한다.

4

열하 피서산장은 청나라 마지막
방어 거점이었을 것이다

어제 개봉에서 하루를 묵은 후 개봉 시내를 둘러보았다. 연속극 「포청천」으로 우리나라에서도 유명한 개봉부 앞에는 포청천을 기념하는 행사가 매일 열리고 있는데 별로 감동이 없다. 개봉부 안에는 여러 건물이 있고, 주 건물 앞에는 송나라 시대 훌륭했던 사람들의 행적을 적어놓았지만 좀 어울리지 않는다. 그렇게 훌륭했던 기라성 같은 사람들이 무얼 했기에 금나라에게 1127년에 이곳 개봉을 함락당하고 황제와 2천여 명이 포로로 잡혀 금나라 본거지 만주로 끌려갔단 말인가. 맑은 마음을 뜻하는 청심(淸心)이 나라를 다스리는 치국(治國)의 근본이라는, 청심루라는 멋진 누각을 개봉부 안에 세워놓았다.

특히 소동파(蘇東坡, 1036-1101)에 관한 설명이 여기저기 있는데 그는 당송 8대가(唐宋八大家)의 한 사람으로 뛰어난 지식인이었다. 그러나 고려에 대해 좋지 않은 감정을 가지고 있었던 사람이다.

고려가 송나라와의 무역에서 지속적으로 흑자를 내자 그는 고려와의 무역이 송나라 우환이라고 수차례 황제에게 상소했다.

송나라 최전성기에 융성했던 개봉의 청명절을 묘사한 「청명상하도(淸明上河圖)」에 따라 당시 개봉 모습을 민속촌으로 재현한 청명상하원이 있는데 시간도 촉박하고 입장료도 비싸고 우리 역사와 큰 관련이 없어 답사를 생략하기로 한다.

북경행 비행기를 타기 위해 서둘러 정주로 이동했다. 2013년 산서성 답사를 마치고 귀국하는 비행기를 정주에서 탔는데 그때 공사 중이던 공항 건물이 완공되어 멋지게 들어서 있었다. 품격이 있는 공항 건물이다. 새삼 급속하게 발전하는 중국 모습을 볼 수 있었다.

북경에 좀 늦게 도착했다. 공항에서 멀지 않은 조선인 거리 동포 식당에서 저녁을 먹었다. 북어찜과 된장국이 그야말로 우리 토속음식이었다. 근처 호텔에서 여장을 풀었다. 내일은 서울에서 2진으로 오는 이석연 변호사와 손윤 회장이 합류해서 청나라 황제들의 피서산장이 있는 승덕(承德)까지 가야 한다.

호텔에서 버스로 승덕으로 향했다. 승덕 가는 길은 북경 순의구와 밀운현(密云縣)을 거친다. 순의구를 지나는데 고려영(高麗營)이라는 표지판이 나온다. 얼마나 반가운 이름인가! 당나라 태종이 고구려를 침략했을 때 연개소문이 별동대를 보내 당나라 군대를 추격하고 성채를 쌓은 곳이 고려영이라고 알려져 있다. 고구려가 일시적이나마 북경 근처까지 강역을 확장했다는 증거다.

승덕 가는 고속도로는 이 길 외에 산해관과 당산에서 출발하는 길이 있다. 세 방향의 길이 모두 승덕에서 합류해서 내몽고자치구로 이어진다. 필자는 산해관과 북경에서 출발하는 고속도로를 경유한 적이 있다. 두 길이 모두 연산산맥(燕山山脈)을 통과한다. 터널을 뚫을 수 없다면 고속도로를 건설할 수 없는 지형이다. 그러니 고대에 이 지역을 통해 군대가 이동하기는 지극히 어려웠을 것이다. 북방 민족인 거란족과 여진족이 중원을 점령하러 내려간 길은 이 길이 아니었을 것이다. 연산산맥 남쪽 요서주랑이나 더 서쪽 길로 남하했을 것이다.

서기 53년 봄 고구려 모본왕이 군대를 보내 후한(後漢)의 우북평, 어양, 상곡, 태원을 습격했는데 지금 지나가고 있는 밀운현이 바로 어양(漁陽)이었다. 고구려 개마무사들이 말달리던 길을 지금 지나가고 있는 것이다. 이 기록은 우리『삼국사기』와 중국 정사인『후한서』「광무제」조에도 나와 있는데 우리 식민사학자들은 믿지 않고 있다. 고구려가 어양은 물론 지금 산서성 성도인 태원까지 공격했으니 고구려 중심 세력이 압록강 북쪽이 아닌 훨씬 서쪽에 있었을 수밖에 없다. 뿐만 아니라 모본왕 공격 후 7년이 지난 서기 60년 태조왕은 요서에 10개의 성을 쌓았는데 점령한 지역을 안정적으로 통치하려는 의도였을 것이다. 고구려의 강역이 요하를 넘어 지금의 하북성에까지 걸쳐 있었음이 확실하다.

　멀리 산들이 보이기 시작하더니 곧 좌우로 높은 산들이 나타나고 버스는 골짜기 길로 접어든다. 연산산맥 시작이다. 고대나 현대나 산과 강이 국경이 되는 것은 자연스러운 현상이다. 이 산맥도 고대에는 동이족과 한족 국경이었을 것이다. 계곡이 조금 넓은 곳에는 옥수수와 해바라기를 심었고, 조금 높은 지대는 과수원이다. 산으로 가로막힌 곳은 터널로 연결되어 있다. 북경까지 이 길로 군대를 진격시키기에는 적당하지 않았을 것이다.

　북경에서 승덕까지는 대략 270킬로미터인데 계곡 길을 한참 가자 산 능선에 장성이 보이기 시작한다. 연암 박지원 선생의『열하일기』에 나오는 고북구(古北口) 장성이다. 연암은 1780년 청나라 건륭제의 70회 생일 축하 사절 일원으로 승덕에 가면서 이 길을 지났다.『열하일기』에는「밤에 고북구를 출발하다(夜出古北口)」라는 글이 있는데 명문으로 알려져 있지만 한문이 부족한 필자는 그 느낌을 헤아리기 어렵다.

연암은 지금 우리가 가고 있는 고속도로가 아닌 고북구 장성 관문을 통과했다. 우리 일행은 묻고 물어 고북구 장성 관문을 찾았다. 관문도 산 능선에 있을 것이므로 더운 날씨에 땀을 좀 흘릴 수밖에 없겠다고 각오했다. 정작 관문 아래 초입을 찾았지만 공사 중이라 출입 금지다. 주민의 말로는 30분 쯤 걸어 올라가면 관문이라고 하지만 어쩔 수 없다. 산 능선 장성도 거리가 멀어 사진도 잘 나오지 않는다. 근처 마을 가게에서 먹거리를 좀 사고 가지고 간 즉석 라면으로 점심을 때웠다.

고북구에서 승덕 가는 길도 골짜기 산길이다. 좁은 계곡, 넓은 계곡을 연이어 지나면서 100킬로미터 정도 달려 승덕에 도착했다. 승덕시 동, 서, 북은 산으로 막혀 있고 능선에는 성벽이 쌓여 있다. 계곡 남쪽으로 강이 흐르고 외부와 이어져 있는 제법 큰 도

고북구 아래 마을과 최근에 세운 것으로 보이는 관문

시다. 말이 피서산장이지 청나라 황제들은 이곳에서 사냥을 통해 대규모 군사훈련을 실시했다. 만약에 나라가 무너지는 비상사태가 발생하면 이곳은 청조 최후 방어 거점이었을 것으로 보인다. 북쪽으로 산을 넘으면 중원에 대한 미련을 버리고 표표히 초원으로 돌아갈 수 있는 거점이다. 지금은 북쪽 산에 터널이 뚫려 있다. 관광지여서 그런지 도시가 매우 깔끔하다.

시내 가운데로 강이 흐르는데 난하(灤河) 상류다. 난하는 상고시대 고조선과 한나라 국경이었다. 물론 난하 하류가 고대사에서 국경 논쟁의 중심인 패수이고, 상류인 이곳은 연산산맥 동북쪽이므로 아예 한나라는 알지도 못한 고조선 강역이었을 것이다.

승덕시는 현재 하북성에 속하지만 일제 만주국 시절에는 열하성에 속했다. 대일항쟁기 열하성에서 일제 장교로 독립군 토벌에

난하와 승덕시

앞장선 친일 조선인들이 있었다. 대통령을 지낸 모씨도 열하성에서 중위로 근무했다. 열하성 주둔 일본군에서 탈출하여 걷고 또 걸어 중경 임시정부를 찾아간 청년들도 있었다. 연암의 『열하일기』는 아름다운 문학작품이지만 열하성은 열하(熱河)라는 그 이름(뜨거운 강)만큼 우리에게 영욕이 교차하는 지역이다.

승덕시는 난하를 중심으로 오른쪽은 신시가지이고, 왼쪽은 피서산장이다. 왼쪽도 강에 면한 지역은 상업지역이고 안쪽이 피서산장인데 담으로 구분되어 있다. 피서산장은 열하행궁으로도 알려져 있지만 실상은 청나라 여름 수도였다. 청나라 황제들은 여름에 이곳에 머물면서 정사를 보았다. 외국 사신들도 황제를 알현하기 위해서는 이곳으로 올 수밖에 없었다. 『열하일기』에는 당시 번성했던 모습이 잘 그려져 있다. 지금도 서울 명동처럼 사람으로 가득하다. 승덕은 중국 10대 관광지 중 하나라고 한다.

피서산장은 면적이 5.6제곱킬로미터, 둘레가 10킬로미터로 넓다. 산장 안에는 난하 물을 끌어들여 조성한 호수가 있고, 강희제 때 지은 행궁과 건륭제 때 지은 독서당이 있다. 나무가 울창하지는 않고, 이름 모를 거친 풀들이 널려 있다. 기록에는 120채의 건물이 있었다고 하나 지금은 몇 채밖에 없다. 청나라 황제들이 머물던 시기에는 이 산장에 북방 유목민들의 주거인 천막이 가득했을 것이다. 지금도 몽골식 게르가 몇 개 있다.

산해관을 넘어 중원으로 들어가 대청 제국을 건설한 여진족이 대략 30만 명이었다. 이 소수가 광대한 중국을 지배했으니 어찌 어려움이 없었겠는가! 청나라 황제들은 이 어려움을 도덕적으로 모범을 보이고 스스로 근검 절약하는 위민정치를 통해 극복하려 했다. 이런 노력의 결과로 강희제, 옹정제, 건륭제 시대라는 태평 성대를 열었다. 소위 강건성세(康建盛世)다. 장구한 중국의 역사에 서 100년이 넘는 태평성대는 이 시기를 제외하고는 전무후무하 다. 당시 청나라는 세계 최대 강국이었고, 동시대 프랑스의 루이 14세 치적과는 비교조차 할 수 없을 정도로 탁월했다. 특히, 당시 중국에 왔던 예수회 선교사들은 중국 문물에 감탄했고, 이들을 통해 서양에 전파된 중국 사상은 유럽 계몽주의 사상 발전에 밑 거름이 되었다.

이 피서산장에서 청나라를 건국한 여진족의 놀랄 만한 자제력 과 소박함이 느껴진다. 남아 있는 강희제 행궁은 그저 소박한 큼

건륭제 독서당

지막한 전각이다. 실내가 화려하지도 않다. 부속 건물이 있었겠지만 지금은 없다. 강희제 손자인 건륭제 때 지은 독서당은 2층 건물이지만 이 역시 사진에서 보는 바와 같이 검소하기 그지없다. 황제 전용 건물이라고 생각하기에는 한참 모자란다. 이런 소박함과 여진족 고유의 상무정신을 상실하고 한족 문화에 동화되면서 청나라는 쇠락의 길로 들어섰다. 물론 물밀듯이 밀려든 서양 제국주의의 영향도 컸다.

피서산장 밖에는 티베트 포탈라궁을 본뜬 라마교 사원을 비롯한 여러 사원들이 있다. 우리 일행은 우리 역사와 크게 관련이 없는 이 사원들은 멀리서 바라보기만 했다.

해가 넘어가기 직전이지만 햇볕은 여전히 따가운데 고도가 높아서 북경에 비해서는 온도가 5도쯤 낮고 습도도 낮아 불쾌하지는 않다. 피서산장 때문에 관리가 엄격해서인지 아름드리 버드나무 가로수가 인상적이다. 국제가일주점(國際假日酒店)에 짐을 풀고 저녁 먹으러 나섰다. 예전에 이곳을 답사한 적이 있는 이덕일 소장이 앞장섰다. 청나라 황족 후손이 경영하는 식당이라고 하는데 금방 찾았다. 여진족이 가장 고급으로 여기는 음식이 당나귀 요리인데 있을지 모르겠다. 소박한 답사 여행에 웬 당나귀 요리 타령이냐고 스스로 자책한다. 당나귀 요리는 없었고 대신에 낙타와 사슴 요리가 있었지만 입맛에 맞지 않았다.

5

인류 최고 문명 중심지에 가다

일찍 일어나 잘 정돈된 난하 강변을 산책했다. 몇 사람이 낚시하고 있는데 잡힌 고기는 피라미급이다. 상류인데도 수량이 많은 것으로 보아 구간마다 보를 쌓아 물을 가둔 것 같다. 그러나 수질이 나빠 보이지는 않는다. 50여 년 전 군대에서 익힌 맨손체조로 몸의 긴장을 풀었다. 날씨는 쾌청하고 습도는 낮다. 호텔로 돌아와 간단하게 아침을 먹었다. 오늘은 250킬로미터를 달려 적봉(赤峯)으로 가서 삼좌점(三左點) 산성과 홍산(紅山) 유적지를 답사한 후 적봉박물관을 관람하고 자는 일정이다.

승덕시 북쪽 방향으로 길을 잡자 곧장 터널이 나온다. 승덕 남쪽과 서쪽에서 오는 세 길이 승덕에서 모였다가 이 터널을 통해 내몽고자치구로 연결된다. 터널을 뚫기 전에는 높은 고개를 넘어야 적봉 쪽으로 연결될 수 있었을 것이다. 이런 지형이니 청나라 시기 승덕이 군사적 요충지일 수밖에 없었을 것이다. 지금도 이곳에는 대대급 군부대가 주둔하고 있다. 터널을 지나자 만주 길림성 장춘 가는 길이라는 표지판이 나온다. 아마 여기서 장춘까지는 2,000킬로미터가 넘을 것이다. 중국 대륙의 광활함을 알겠다. 양쪽으로 높은 산이 계속 이어지고, 우리 일행은 넓어졌다 좁아졌다 하는 계곡 사이로 난 고속도로를 달린다. 연산산맥 속을 지나는 길이다.

고속도로 양쪽 평지에는 옥수수와 이름 모르는 작물이 따가운 여름 햇살을 받고 있다. 여기저기 묘목을 키우는 밭이다. 산기슭에는 제법 우거진 숲도 드문드문 보인다. 중국 북부는 대부분 황량한 지역인데 국가 차원에서 조림에 열성을 쏟고 있는 것이 확실하다. 그러니 묘목 키우기에 열심이다. 여기도 예외가 아닌 듯하다.

적봉을 100킬로미터 정도 남겨놓고 고속도로 휴게소에 들렀다. 그런데 지명이 부유(富裕)다. 부유, 어쩌면 우리의 고대국가 부여와 관계된 지명이 아닐까? 2년 전 북만주를 답사할 때도 부유라는 지명이 있었다. 생각해보니 이 지역은 옛날에 고조선이었고, 다음에는 고구려였지만 그사이에 부여가 있었을 수도 있다. 우리가 알고 있는 북부여, 동부여, 남부여(백제), 열도부여(일본) 외에 『환단고기』에 의하면 서부여가 있었는데 바로 이 지역이었을 가능성이 크다.

고속도로 오른쪽 산기슭에 광산이 계속 보인다. 터널 11개를 지나자 갑자기 이 산골에 고층 아파트 단지가 있는 제법 큰 읍이 나타났다. 이름이 참 아름다운 금산(錦山)이다. 비단을 두른 산이라는 이름이다. 우리나라 남해에도 금산이 있다. 대규모 동광산과 제련소가 있어 형성된 읍인 것 같다. 주위는 유목이 가능한 지역으로 보이는데도 풀을 뜯는 가축은 보이지 않는다. 조금 더 가자 높은 산은 사라지고 야트막한 구릉들만 보이는 대평원이다.

적봉시 일원 평원이다. 이 지역은 거란족과 여진족 주무대였다. 거란족은 요(916-1125)나라를 세워 중원을 호령했다. 여진족은 만주에서 발흥해서 금(115-1234)나라를 세워 요나라를 멸망시키고 중원을 장악했는데 이 지역이 주요 근거지 중 하나였다. 이들이 군사를 진군시켜 중원을 점령한 길이 우리 일행이 지나온 길은 아닐 것이다. 우리가 온 길은 산악지역이고, 당시는 물론 터널이 없었기 때문이다. 여진족은 요녕성 조양으로 남하해서 요서

삼좌점 산성 구조를 설명하는 이덕일 한가람역사문화연구소 소장

남쪽 평원으로 진군했거나, 아니면 이 평원 서쪽으로 더 나아가서 북경 북쪽 장가구나 산서성 대동 방향으로 쳐들어갔을 것이다.

고속도로를 빠져나와 적봉시 외곽 북쪽 시골길로 삼좌점 산성을 찾았다. 시골길을 한참 달렸다. 산성은 구릉의 정상 주위에 있는데 지금은 저수지 둑 일부가 되어 있다. 중국에서는 저수지를 물을 가둔 창고라는 뜻인 수고(水庫)라고 한다. 볕이 따가운 더운 날씨지만 돌무더기가 널려 있는 구릉 중간으로 올라갔다. 성을 쌓은 방식이 고구려식이다. 자연석을 다듬어서 돌 바깥쪽은 평평하게, 안쪽은 가늘게 차곡차곡 들여쌓기 방식으로 쌓았다. 우리네 성처럼 방어에 쉬운 치(雉)도 남아 있다.

성은 넓이가 1.4제곱킬로미터이고, 돌로 쌓은 원형 제단, 적석총, 우물, 곡식 창고, 회의 장소, 주거지 등이 확인되었다고 한다. 치도 13개 발견되었다고 한다. 이 산성은 중국 국가중점유물단위로 지정된 유적이고, 대략 4천 년 전 청동기시대 하가점하층문화의 대표적인 유지라고 한다. 발굴 초기 모습을 보면 댐 조성 과정에서 상당히 훼손된 것으로 보인다.

성을 쌓은 방식, 석축원형제단과 적석총의 존재는 이 유적이 한족이 남긴 것이 아니고 우리 동이족 유적임을 말해주고 있다. 4천 년 전이면 고조선 초기다. 따라서 이 산성을 고조선 산성이라 명명하는 것이 적절할 것이다. 이 산성 이후 고구려 산성이 나타날 때까지 같은 유형의 산성이 발견되지 않고 있어 식민사학계는 고조선 산성으로 믿을 수 없다고 한다. 이 고조선 산성이 고구려 산성으로 진화했다고 볼 수 없다는 것이다. 비록 식민사학계 논리가 맞다고 해도 없는 것과 발견되지 않은 것은 다른 문제다. 부정하기 전에 치열하게 발로 뛰고 연구하는 것이 먼저다.

그런데 이 먼 곳에 이런 산성이 있는 줄 어떻게 알고 답사를 왔을까? 10년 전 이덕일 소장은 적봉박물관 도록에서 우연히 이 산성을 보았고, 물어물어 이 산성을 답사하고, 또 다른 같은 유형의 산성도 주민들의 안내로 답사했다고 한다. 역사 연구에서는 역사서는 물론 현장에서 진실을 볼 수 있다. 고구려 산성에 앞서 2천 년 전에 같은 모습의 산성이 하북성 북동쪽 이곳 내몽고자치구 적봉시에 있는 줄 어찌 알았겠는가! 이 산성의 존재가 바로 아득한 옛날 고조선이 실제로 광활한 지역을 다스린 고대 왕국이었다는 증거가 아니겠는가!

적봉 시내로 되돌아가 시 외곽에 있는 홍산으로 갔다. 홍산은 듣던 대로 붉은 산이다. 바위에 철분이 많이 함유되어 있는 탓이다. 평지에 돌출한 30여 개의 크고 작은 봉우리로 구성된 산이다. 별로 높지는 않다. 약 6,700년 전부터 4,900년 전까지의 신석기시대 유적이라고 쓰여 있다. 이 산에서 주거지, 옥기, 비파형동검 등 수많은 유물들이 발견되었다고 한다.

산을 오르자 땀이 비 오듯 흐른다. 복원해놓은 주거지 내부가 지저분하다. 한 주거지 안에는 도교, 불교, 유교 성인들은 물론 온갖 잡신들의 인형을 빼곡하게 진열해놓았다. 예수상은 없다. 필자의 눈에는 조잡하고 유치하다. 산길에는 언제 것인지 알 수 없는 토기 조각들이 쉽게 눈에 띈다. 중국인 스스로 이곳이 인류 최고 문명 발상지이고, 자신들의 문화라고 주장하면서 이렇게 허술하게 관리하는 이유를 알 수 없다.

홍산을 중심으로 반경 200킬로미터 안 30여 곳에서 관련된 유물들이 대량 출토되었다. 학계에서는 이 유물들을 종합하여 홍산문화(紅山文化)라고 명명했다. 연구 결과에 의하면 홍산문화 시기는 서기전 6500년경까지 올라가기 때문에 인류 최초 문명인 황화문명의 앙소문화(仰韶文化)보다 1천 년 이상 앞선 인류 최고(最古) 문명이다. 중국 학자들은 출토된 유물에 비추어 이 지역에 초기 국가가 출현했다고 결론 내렸다.

그러면 이 문명의 담당 주체는 누구였을까? 이 시기 이 지역에 있었던 국가는 중국 어떤 역사책에도 기록이 없다. 최근 중국은 하상주단대공정에서 하(夏)나라가 서기전 2070년경에 성립했다고 특정하고 있으나 이보다 앞선 요(堯)와 순(舜)의 시기는 특정하지 않았다. 아무리 관대하게 보아도 요와 순은 중원의 일부만 차지한 소국이었을 것이고, 이곳 내몽고자치구 적봉 지역과는 아무런 관련이 없음은 확실하다. 홍산문화 초기 이 지역에 있었던 국가로 기록에 남아 있는 유일한 국가는 우리 『태백일사』에 기술된 '배달국'뿐이다. 한국 식민사학자들은 홍산문화가 우리와는 아무런 관련이 없다고 거품을 무는 수준이지만 삼좌점 산성에서 보았듯이 전혀 관련이 없다고는 할 수 없다. 현장에 와보니 배달국과 홍산문화의 관련성은 진지하게 연구해볼 만한 주제다.

인류 시원 문명을 머리와 가슴에 담고 적봉박물관으로 갔다. 홍산문화 유물은 소략하게 진열되어 있는 느낌이다. 다소 실망이다. 아마도 중요한 홍산문화 유물들은 상급 박물관으로 옮겨진 것으로 보인다. 믿거나 말거나 홍산문화 유물 중 중국이 보유하고 있는 수량보다 한국에 있는 수량이 더 많다는 말도 떠도는 실정이다. 그런데 편경처럼 생긴 석음이라는 악기가 전시되어 있음을 보고 깜짝 놀랐다. 그 시대에 악기가 있었다. 편경이라면 제례용 악기가 아닌가!

홍산박물관에는 고조선 표지 유물의 하나인 비파형동검도 몇 점 있고, 다양한 옥기들이 전시되어 있는데 용(龍)이라고 분류한 옥기들이 여럿 있다. 용은 한족 상징으로 알려져 있는데 동이족 시원 문화에 용이 전시되어 있으니 의아하다. 아마도 이 용이 남쪽으로 전파되어 한족 상징이 된 것인가? 낙빈기(駱賓基) 선생이

홍산문화 편경

중국 청동예기에 쓰인 문자를 분석한 『금문신고(金文新攷)』에 의하면 용은 동이족이 누에를 형상화한 것이라 하니 그 시원이 우리에게 있음을 부정할 수는 없을 것이다.

이 적봉 지역이 후일 거란족과 여진족의 중심 지역이어서인지요, 금, 청나라 유물이 많다. 특히, 요나라 풍속을 짐작할 수 있는 유물이 많다. 금나라 사람들이 애용하던 정교한 백옥으로 만든 용봉 장식과 동으로 만든 용이 앉은 모습을 조각한 작품은 문외한인 필자가 보기에도 명품이다.

적봉박물관에는 특이하게도 몽골과 청 황실의 혼인 관계를 상세하게 설명하고 있어 이채롭다. 청 태조 누루하치는 가장 동쪽에 있던 몽골 호르친(科爾沁)부와 연합했고, 청 태종은 칭기즈칸 후예로서 몽골의 대칸을 배출해온 차하르부로부터 대원(大元)제국 옥새를 받아 황제로 즉위했다. 그래서 청 황제는 몽골 대칸이

금나라 시기 제작된
용이 앉은 모습 조각

면서 동시에 청나라 황제였다. 사실상 청나라는 몽골족과 여진족 연합정권이었다. 몽골와 청 황실은 여기에 더하여 지속적으로 서로 혼인했다. 청 황실에 시집온 몽골 공주가 20명, 몽골 귀족에게 시집간 청 황실 여자가 40명이라고 적봉박물관에 자세히 설명해 놓았다. 이 몽골 공주 중 한 사람이 강희제를 기르고 교육한 할머니 포목포태다. 장구한 중국 역사에서 이 할머니는 최고 황비이고, 손자는 최고 황제다.

적봉박물관을 나와 골동품 거리로 향했다. 상점들이 한 건물에 집중되어 있는데 손님이 별로 없고, 더운 여름인 탓에 분위기가 축 처져 있다. 진열된 물건들이 진품인지 위조품인지 알 수도 없고 특별히 흥미를 끄는 것도 없어 구경만 했다. 10년 전 이덕일 소장은 이곳에서 비파형동검 거푸집을 제법 고가를 지불하고 샀다고 한다. 거푸집은 주물로 금속 제품을 제작하는 틀이다. 거푸집이 있다는 사실은 제품을 자체적으로 대량 생산했다는 사실을 시사한다. 비파형동검은 고조선의 표지 유물이고 이곳 적봉에서 대량 생산되고 있었으니 이 지역이 고조선 강역이었을 것이다.

천왕대주점(天王大酒店)에 여장을 풀었다. 근사한 25층 건물이다. 인근 식당에서 저녁을 먹었다. 음식이 조금 짜지만 입에 맞았다. 호텔 주변은 고층 빌딩이 즐비한 현대적인 거리다. 그런데 이 멀고 먼 내몽고 적봉에 조선족 식당이 있다. 오늘 점심을 먹은 '이순길 불고기점'이다.

6

북방 민족의 중원 정복로를 달리다

오늘 답사 일정은 강행군이다. 적봉에서 요나라 중경(中京)까지 90킬로미터, 거기서 우하량이 70킬로미터, 다시 조양까지 100킬로미터다. 조양에서 노룡현까지 300킬로미터가 넘는다. 대략 600킬로미터를 오늘 이동해야 한다. 아침 8시에 적봉에서 출발했다.

적봉 시내를 남쪽으로 벗어나자 야트막한 구릉이 동북에서 서남 방향으로 끝없이 이어져 있다. 이 구릉을 넘으니 약간 내리막길인데 다시 평원이 펼쳐지고 멀리 조금 전과 비슷한 구릉이 보인다. 조금 더 가자 내몽고자치구와 요녕성 경계인데 요금소(중국에서는 수비참(收費站)가 나온다. 중국에서는 성(省) 경계를 통과할 때 어김없이 경찰이 검문한다. 잠시 쉬었다가 다시 구릉을 넘고 한 시간 넘게 달리자 능원(陵園)과 요나라 중경 유적지 표지판이 나온다. 유적지에 초원청동기박물관(草原靑銅器博物館)이 있다고 쓰여 있다.

요나라 중경성(능원) 요탑

동이족들은 모두 국가를 5개 지역으로 나누어 통치했다. 부여 5가, 고구려 5부, 발해, 요, 금나라 5경이 그렇다. 요나라 5경은 상경임황부(上京臨潢部), 남경석진부(南京析津部), 동경요양부(東京遼陽部), 중경대정부(中京大定部), 서경대동부(西京大同府)인데 상경은 적봉 서북쪽에 있는 지금의 파림좌기, 남경은 북경, 동경은 요녕성 요양, 서경은 산서성 대동이고, 이곳 능원이 중경대정부가 있던 곳이다. 거란족의 요나라 수도 한 곳을 답사하게 된 것이다. 이곳 중경과 상경을 제외한 세 곳은 이미 답사한 적이 있다. 중경은 요나라 성종(재위 982-1031)이 건설한 신도시였다. 기록에 의하면 성벽 길이가 동서 4.2킬로미터, 남북 3.5킬로미터고, 높이가 6미터였다. 요나라가 송나라를 대파하고 서기 1005년에 맺은 전연의 맹(澶淵之盟)에 따라 송으로부터 매년 받은 전쟁 배상금 비단 20만 필과 은 10만 냥 중에서 중경 건설 비용을 충당했다고 한다. 요나라

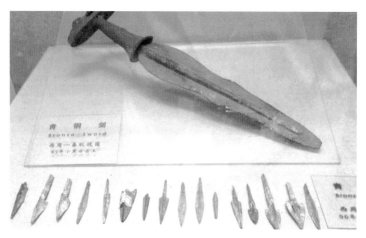

비파형청동검과 청동으로 만든 화살촉 등

역사 209년(916-1125) 중 이곳 중경이 116년간 도읍이었다. 중경을 도읍으로 삼으면서 거란족은 점차 한족과 융합되어갔다.

　중경성 옛 터에는 주위에 토성 흔적이 남아 있고, 큼직한 멋진 요탑(遼塔)이 중앙에 서 있다. 요탑은 요나라 표지 유물이다. 남아 있는 요탑이 9개 중 하나다. 오른쪽에 초원청동기박물관이 있다. 예상외로 박물관 소장품이 충실하다. 특히, 비파형동검 등 청동 유물이 다양하다. 이 동검들은 대부분 고조선 유물인데 박물관은 중국 주나라 때의 유물이라고 소개하고 있다. 사실 주나라는 이 지역 근처에 와본 적도 없고 알지도 못했는데 말이다. 이 박물관에는 요나라 시기 유물이 많이 진열되어 있다. 중경성이 요나라 중심부 중 하나였으니 당연히 출토 유물이 많았을 것이다.

　특이하게도 요나라 주요 인물들을 밀랍인형으로 만들어 전시하고 있는데 그중에서 눈길을 끄는 사람들이 있다. 요나라 전성기 황제 성종, 그의 어머니 소태후(蕭太后, 953-1009), 그리고 그녀 애인이면서 재상이었던 한덕양(韓德讓, 941-1011)이다. 성종은 12세에 재위에 올랐는데 소태후가 섭정했다. 소태후는 이름이 소작(蕭綽)이다. 어려서부터 총명했고 이름 작(綽)이 의미하는 대로 너그럽고 몸매가 빼어나고 아름다웠을 뿐만 아니라 기품도 있어 모든 사람으로부터 촉망을 받았다. 태후가 되자 뛰어난 정치력을 발휘해서 요나라를 반석 위에 올려놓았다. 게다가 직접 대군을 지휘해 송나라와의 전투에서 대승을 이끌어낸 여걸이었다. 이는 소태후가 초원의 여자였기에 가능했을 것이다. 소태후를 보좌한 재상이 한덕양이었는데 그와 소태후는 요나라 조정이 인정하는 애인 관계였다. 황제인 성종도 한덕양을 아버지처럼 예우했다고

초원청동기박물관의 밀랍인형(왼쪽부터 요나라 성종, 소태후, 한덕양)

한다. 초원 민족은 유학 윤리관에 물들지 않아 남녀 관계에 너그럽고 개방적이었음을 보여주는 실례다.

이 밀랍인형으로 전시된 세 사람이 집권했던 시기에 고려와의 전쟁이 있었다. 요나라는 고려에 세 차례나 침입했다. 마지막 침입이 1019년인데 소태후가 1009년에 죽으면서 절대로 고려와 전쟁하지 말라고 유지를 남겼는데도 불구하고 성종이 직접 10만 대군을 이끌고 쳐들어왔다가 귀주에서 우리 강감찬 장군에게 대패하고 물러갔다. 이때부터 요나라는 남송 정벌을 포기할 수밖에 없었고, 전성기에서 흔들리기 시작했다. 반면에 고려는 동북아에서 국제적인 위상이 한층 강화되었다.

요나라 중경성 유지에서 우하량 유적지로 향했다. 초원과 몇 개의 구릉을 지나자 조양시 건평현인데 커다란 제철소가 있다. 초원 풍광과는 어울리지 않지만 아마도 근처에 철광산이 있어서 세운 제철소일 것이다.

우하량 유적지에 도착하자 여기에서 출토된 여신상이 일행을 맞이한다. 날씨는 여전히 따끈따끈하다. 유적지 주요 지역을 보호하고자 공상과학영화에 나옴 직한 건물을 지어 덮어놓았다. 유적지는 구릉에 모여 있다. 그런데 구릉 중간에 차도를 내서 유적이 다소 훼손된 것으로 보인다. 사실 필자는 고고학에 문외한이기 때문에 유물의 구체적인 가치를 알 수는 없다. 먼저 천단과 적석총 유지를 보았다. 얼핏 보면 유골들은 복제해놓고 그저 돌무더기를 모은 것으로 보이지만 자그마치 서기 35세기 유적이라고

하니 감회가 새로울 뿐이다. 상고시대에 하늘에 제사하는 풍속은 우리 동이족의 고유한 전통이다. 북경에는 여진족 청나라가 세운 거대한 천단이 있고, 서울에 있는 원구단도 천단이다. 이곳 천단이나 북경 천단이나 둥그런 형태이니 아마도 이 천단이 원조일 것이다. 적석총도 우리 조상들의 무덤 조성 방식이었으니 우하량 유적은 우리와 깊은 관계가 있음이 틀림없을 것이다.

이어 여신묘로 이동했다. 여신묘 유적은 맨땅에 표시만 되어 있다. 이곳에서 여신상이 발굴되자 세계가 깜짝 놀랐다. 게다가 정교한 옥기도 대량 출토되었다. 서기전 35세기에 국가가 있었다고 추정할 수 있는 유물이기 때문이었다. 정교한 옥기는 당시 기술 수준이 뛰어났고 분업이 행해지고 있었음을 시사한다. 대형 제단으로 보아 강력한 통치 권력이 있었을 것이다. 여신상은 종교적 성숙도가 정착되어 있었음을 보여주는 증거라고 볼 수 있을 것이다. 단군조선이 건국된 서기전 24세기보다 천 년 전에 이미 이곳에 국가가 있었던 것이다. 중국 학자들의 연구 결과에 의하면 적봉을 중심으로 한 이 지역은 고대에는 지금보다 온도도 높고 강우량도 많아 살기 좋은 지역이었다. 그래서 문화가 융성할 수 있었을 것이다.

화장실을 찾고 있는데 어디에선가 매캐한 향 냄새가 흘러 나온다. 이상한 생각이 들어 이곳저곳 기웃거리는데 촛불처럼 전깃불을 켜놓은 신당에서 나오는 향 냄새다. 조그마한 방에 불과한 신당 내부 분위기가 우리네 무당들이 치성을 드리는 신당과 똑같다. 아마 중국 사람들은 이 신당이 자기들의 문화가 아니기 때문에 필자가 동물적으로 느낀 분위기를 감지하지는 못할 것이다. 신당에 모셔놓은 신체가 바로 여신이다. 아득한 옛날 모계사회

우하량 여신묘 신당

지도자가 여신으로 숭배 대상이 되었을 것이다. 비록 관광용으로 꾸며놓은 신당이지만 경건한 모습이다.

여신묘를 보고 밖으로 나오자 버스 2대를 타고 온 다른 한국인 답사단을 만났다. 일행 중에는 우리 시대 춤꾼 이애주 교수가 있었다. 필자와는 면식이 없지만 이덕일 소장과는 잘 아는 사이여서 잠깐 담소를 나누었다. 도대체 이 우하량 유적이 우리에게 무슨 의미가 있기에 이 먼 곳까지 답사를 오는지 놀랍다. 아마도 여기가 우리 시원이기에 많은 사람들이 찾아오지 않겠는가!

우하량에서 건평으로 들어와 늦은 점심을 먹었다. 일행 모두 아침부터 시작된 답사로 출출했다. 소박한 동네 음식점인데 맛있게 먹었다. 식당 옆이 술 가게인데 동네 양조장에서 빚은 백주도 팔고 있다. 가양주다. 맛을 보니 괜찮고 값도 싸서 세 근(斤)을 샀다. 중국에서는 술도 무게를 달아 판다. 오늘 숙박지인 노룡현에 늦게 도착할 수밖에 없기 때문에 미리 준비해서 저녁 먹을 때 가볍게 한잔하기 위해서였다.

야트막한 골짜기 길을 한 시간쯤 가자 조양(朝陽)이다. 조양이 우리말로 아사달인데 지금 중국에 남아 있는 아사달 중에서 제일 큰 도시가 이곳이다. 조양시는 고조선과 고구려 중심지 중 한 곳이었고, 거란족이 요나라를 세우기 전에 거점이기도 했다. 고구려 멸망 후 그 유민들이 당나라와 투쟁하던 최전선 중 한 곳도 이곳 조양이었다. 훗날 당나라와 55년 동안 대립했던 치청(淄靑)왕국 제(齊)나라 시조인 고구려 유민 이정기도 이곳 조양이 고향이었다. 조양은 바로 우리 고대사에서 중심이 된 곳 중 하나다.

　조양 시내를 흐르는 강이 대릉하(大陵河)다. 중국 하북성부터 요동반도 사이에 큰 강이 세 개가 흐른다. 제일 서쪽이 난하, 중간이 대릉하, 그리고 동쪽이 요하다. 여러 가지 사료를 종합해보면 고구려가 망하기 전까지는 중국의 어느 왕조도 동쪽 국경선이 대릉하를 넘지 못했다. 난하와 대릉하 사이의 평원은 우리와 중국 왕조가 끊임없이 다투던 지역이었고, 일시적으로 중국 왕조가 차지한 적도 있었다.

　조양에서 요탑을 답사하기로 되어 있었으나 갈 길이 멀고, 오는 길에 요나라의 중경에서 멋진 요탑을 보았기 때문에 생략하기로 한다. 사실 우리 답사팀이 본 요탑들은 모두 모습이 비슷하고 탑 안에 커다란 불상이 안치되어 있는 경우도 있다. 요탑은 벽돌로 만들었고 규모도 크지만 돌로 만든 탑에 비해 공력은 적게 들

조양 시내를 흐르는 대릉하

었을 것으로 보인다.

대릉하 강변에 버스를 세우고 잠깐 내려가 본다. 강폭이 넓고 수량도 많다. 다리가 여러 개 놓여 있다. 수심이 얕아 보이고 오고 가는 배는 없다. 대릉하 남쪽 조양은 개발이 덜 된 지역이고 북쪽은 도심이다.

조양시를 빠져나와 북경과 하얼빈 간 고속도로로 들어서서 노룡현으로 향했다. 조양에서 노룡현까지 대략 300킬로미터이고 광대한 평원 지역이다. 소위 요서주랑(遼西柱廊)이다. 북방 민족들이 중원을 치러 갈 때에 대부분 이 길을 택했다. 우리 일행은 지금 우리 조상과 형제 민족들이 중원을 치러 내려가던 길을 달리고 있는 것이다. 가는 길에서 조금 남쪽으로 길을 잡으면 산해관이지만 너무 늦고, 이미 산해관을 답사한 사람도 여럿이 있어 그대로 노룡현으로 직행했다. 날이 어두워져 풍광을 감상할 수 없어 아쉽다. 고속도로에 왕래하는 대형 트럭이 승용차보다 많다. 활기찬 중국 경제 모습이다.

노룡현성에 있는 노룡대주점(盧龍大酒店)에 밤 10시경에 도착했다. 긴 하루 여정이었다. 미리 전화로 주문한 음식을 달게 먹고 자기에 바빴다.

7

식민사학자들이 꼭 보아야 할 우리 고대사 현장

어제는 매우 힘든 하루였지만 아침에 일찍 일어났다. 식사 전에 산책하러 나왔더니 호텔 옆이 노룡현 현청이다. 현청은 제법 오래된 건물인데 모습은 품위가 있다. 현청 앞이 백이숙제(伯夷叔齊)공원이다. 고죽문화지향(孤竹文化之鄉)이라고 새긴 기념물을 세워놓았는데 제법 멋있다. 고죽국 문화의 고향이라는 뜻인데 이 기념물 앞에 고죽국과 백이숙제 유래를 설명하는 비석도 있다.

노룡현이 옛 고죽국이며 인의지향 동방덕원(仁義之鄉 東方德源)이라고 비석에 새겨놓았다. 인과 의를 실천한 동방 덕의 근원이라는 뜻이다. 이 표현은 노룡현 사람들의 자부심을 표현한 말인데 고향이 이곳이고, 인의를 실천한 백이와 숙제의 행적에서 비롯된 말일 것이다. 백이와 숙제는 고죽국 9대왕 묵태(墨胎)씨 아들들로 서로 왕위를 양보했을 뿐만 아니라, 주나라 무왕이 아버지 문왕의 장례를 치르지도 않고 상나라를 치러 나서자 "부친이

노룡현 백이숙제공원의
기념물(중국고죽문화지향)

돌아가셨는데 장례도 치르지 않은 채 전쟁을 일으키려 하니 이를
효(孝)라고 말할 수 없고, 신하 된 자로서 군주를 시해하려 하니
이를 인(仁)이라고 말할 수 없다"라고 간했으나 받아들여지지 않
았다. 이에 주나라 백성이 되기를 거부하고 수양산에 들어가 고
사리로 연명하다 죽은 사람들이다.(『사기』「백이열전」) 공자는 이들
을 인의에 충실한 현인으로 높이 평가했다. 그런데 이 기록은 현대
지리 개념에 비추어 합리적인 의심이 들 수밖에 없다. 주 무왕이 상
나라 정벌군을 일으킨 곳이 지금 섬서성 서쪽이고, 백이와 숙제가
살던 곳은 이곳 하북성 노룡현이니 직선 거리로 두 곳이 3천 킬로
미터 정도 떨어져 있다. 상고시대에 만날 수 있는 거리로는 너무
멀다. 아마도 고죽국이 훨씬 더 서쪽에 있지 않았을까?

　고죽국은 고조선 제후국이었고, 중국 주무왕이 상나라를 멸망
시킨 후 상나라 왕족이었던 기자가 봉해져 기자조선이 시작된 곳

으로 알려진 곳이다. "상나라가 망한 후 기자가 조선으로 갔다"고만 역사서에 기록되어 있으니 기자가 제후로 봉해졌는지, 망명을 왔는지, 도망을 왔는지는 확실하지 않지만 이곳이 고조선 강역이었다는 사실 자체는 확실하다. 이 기술이 상나라 동쪽에 조선이 있었다는 사실을 방증하기 때문이다.

백이와 숙제가 노룡현의 자랑스러운 인물들이어서인지 정성을 들여 공원을 관리하고 있다. 그런데 웬일인가? 무궁화가 여기저기 피어 있다. 우리 국화가 무궁화라는 것을 노룡현에서 알고 있는지는 확실하지 않다. 모르고 가꾸고 있다면 아마도 무궁화가 이 지역에서 오랜 옛날부터 사람들의 사랑을 받아온 꽃이기 때문일 것이다. 무언가 우리 역사 흔적이 이곳에 남아 있는 증거라고 볼 수도 있겠다.

오늘은 아침 식사 후 노룡현성에 있는 백이숙제의 유적을 찾아본 다음, 30킬로미터 떨어진 명나라 시기에 건설된 영평부(永平府) 유지를 답사하고, 다시 60킬로미터를 달려 창려현(昌黎縣)에 있는 우리 고대사 서쪽 중요 표지인 갈석산(碣石山)에 올라야 한다. 이어 250킬로미터를 달려 천진에 가서 자고 내일 인천공항으로 들어간다.

백이숙제 유지를 어렵지 않게 찾았다. 노룡현성 외곽의 허름한 동네에 있었다. 야트막한 언덕 위에 단청을 입힌 옛 건물이 눈에 들어온다. 백이숙제 사당으로 보였으나 가보니 절이었다. 절 뒤 비탈에 유적이 있었다. 덤불 속에는 여기가 백이숙제 옛 마을이라는 이제고리(夷齊故里)와 사당인 청절묘(淸節廟)라고 쓴 표지석만 있다. 언덕 아랫마을을 둘러보니 쓰레기가 쌓인 시멘트 담벼락 옆에 백이숙제 우물이었다는 이제정(夷齊井)이란 표지석이서 있다. 표지석만 있을 뿐 아무런 백이숙제 유적이 없다. 이처럼유적지를 허술하게 관리하는 이유를 알 수 없다. 백이와 숙제가한족이 아니고 동이족이어서 이럴까?

그런데 연암의 『열하일기』를 상고해보니 백이숙제 사당이 다른 곳에 있는 것 같다. 연암은 1780년 음력 7월 25일, 우리가 오늘 오후에 답사할 영평부에 도착해서 백이숙제 사당을 둘러본 후「이제묘기(夷齊廟記)」라는 글을 남겼다. 이제묘기는 백이숙제 사당을 다음과 같이 묘사하고 있다.

난하 강가에 자그마한 언덕이 있는데, 이를 두고 수양산이라 한다. 산 북쪽으로 조그만 성곽이 있는데 고죽성이라 한다. 뜰에는 고

백이숙제가 살던 마을이라는 표지석

송(古松) 수십 그루가 서 있고, 섬돌에는 흰 돌로 난간을 둘렀다. 가운데에 고현인전(古賢人殿)이라는 이름의 큰 전각이 있다. 전각 안에 곤룡포를 입고 면류관을 쓰고서 홀을 들고 있는 서 있는 이가 바로 백이와 숙제다.

우리 일행이 찾은 이제고리와 연암이 247년 전에 방문한 이제묘의 풍광이 완전히 다르다. 200년 전 있었던 고현인전 건물이 그사이에 없어졌다고 해도 그 자취는 남아 있을 것이다. 다음 기회에 연암이 둘러보았던 곳을 찾아보리라.

영평부에 도착했다. 이 성은 명나라 초기에 건설된 성인데 북경 동쪽에서 첫째 가는 부(府)였다고 한다. 내부는 구획이 잘 정리

영평부 서문

되어 있고, 지금도 사람이 살고 있다. 성벽 높이는 3장(丈), 둘레는 9리(里), 13보(步)인데 북쪽과 동쪽 성벽은 온전하지 않다. 남문은 무너져 위험하다는 이유로 출입 금지고, 서문은 누각은 사라지고 온전하게 남아 있는데 문 위에 망경(望京)이라고 써놓았다. 수도를 바라보는 누각이라는 뜻이다.

영평부는 우리 고대사에서 대단히 중요한 곳이다. 한가람역사문화연구소 소장 이덕일의 지적을 보자.

백암 박은식은 1911년 만주로 망명해 지은 「몽배금태조(夢拜金太祖)」에서 "영평부(永平府)는 기자조선의 경계"라고 서술했다. 지금의 하북성 노룡현 지역인 청나라 영평부가 기자조선 자리라는 것이다. 청나라의 역사지리학자 고조우(顧祖禹)는 역대 지리지를 참고해 편찬한 『독사방여기요(讀史方輿紀要)』 「영평부」 조에서 "영평부 북쪽 40리에 조선성이 있는데 한나라 낙랑군 속현이다"라고 했다. 낙랑군 조선현이 영평부 경내에 있었다는 것이다. (중략) 낙랑군 조선현은 평양이 아니라 지금의 하북성 노룡현에 있었다. 사실이 이런데도 아직도 반도사관에서 헤어 나오지 못하는 한국 고대사학계 일부가 "평양에 낙랑군이 있었다"고 우기니까 중국의 시진핑 주석이 미국의 트럼프 대통령에게 "한국은 중국의 일부였다"고 망언한 것이다. (중략) 중국은 국가 주석까지 나설 정도로 역사 강역 문제를 국시의 하나로 다루고 있다. 우리가 이 문제에 더 적극적으로 나서지 않는다면 언젠가는 국가의 존속 문제로 확대될지 모른다.

역사를 빼앗긴 민족이 훗날 강토까지 빼앗긴 것은 역사에서 많은 사례를 찾을 수 있기 때문이다. (『서울신문』 칼럼, 2017년 5월 17일)

식민사학자들이 틈나는 대로 노룡현과 갈석산을 찾아 자기들 주장의 허구성을 깨닫기를 기대해본다.

10여 년 전 이덕일 소장은 이곳을 답사하면서 영평부 북쪽 40리에 있다는 조선성을 찾았지만 옛 우물만 확인했다고 한다. 낙랑이 평양에 있었다는 우리 고대사학계 주장이 억지임을 더욱 확실하게 증명하기 위해서는 시간을 두고 이 지역을 면밀하게 답사할 필요가 있다.

연암은 『열하일기』에서 영평부 병영 앞에 세워진 문에 고지우북평(故地右北平)이라고 써놓은 것을 보았다고 기술했다. 여기가

갈석산 표지석

옛 우북평이라는 것이다. 지금은 병영이 없어져 이 표지도 사라졌다. 『삼국사기』와 중국 역사서 『후한서』는 서기 53년(모본왕 2년)에 고구려가 우북평, 상곡, 어양, 태원을 공격했다고 전한다. 이곳 영평부가 우북평이니 지금 하북성까지 고구려가 공격했던 것이다. 물론 우리 고대사학계는 이 기록을 믿지 않는다.

영평부를 떠나 창려현 갈석산으로 향했다. 영평부를 벗어나 청룡하(靑龍河) 다리를 지나 시골길로 계속 달렸다. 사실 청룡하도 우리 고대사에서 논쟁 대상이다. 위만이 도망치면서 건넌 강이 패수(浿水)인데 패수가 지금의 대동강이라고 식민사학자들이 주장하는 반면, 민족사학계는 영정하, 청룡하, 난하, 상건하 등으로 주장하고 있다. 확실한 것은 노룡현이 낙랑군 지역이니 대동강은 위만이 건넌 패수가 될 수 없다는 것이다.

갈석산이 있는 창려현에 도착하자 도로 주변 화단에 무궁화가 연이어 피어 있다. 갈석산 초입 마을의 민가 화단에도 무궁화가 피어 있었다. 백이숙제공원에서도 무궁화를 보았지만 이곳 창려현에서 또 나라꽃 무궁화를 보니 감회가 새롭다. 뭔가 우리 역사와 관련이 있지 않을까?

갈석산은 평원에 우뚝하게 솟은 바위산이다. 산기슭에 수암사라는 절이 있고, 그 앞은 갈양호라는 저수지다. 저수지 너머는 도시와 마을에 이어 일망무제의 평원이다. 갈석산을 보니 가슴이 쿵쿵거린다. 우리 역사의 핵심 표지 지형물 앞에 서 있는 탓이다. 수암사가 오래된 유명한 절이라고 하지만 둘러볼 생각조차 나지 않고 곧장 갈석산에 올라야겠다는 생각뿐이다.

중국 역사에서 삼국시대를 통일한 사마씨 진(晉)은 통일 기념으로 자신들의 강역을 설명한『태강지리지(太康地理志)』를 편찬했다. 태강은 진 무제 때 사용한 연호(서기 280-290)다. 이 지리지에 "낙랑군 수성현에는 갈석산이 있고, 이곳에서 장성이 시작된다(樂浪遂城縣有碣石 長城所起)"라고 되어 있다. 이 기록에서 낙랑군에 속한 수성현이 여기고,『독사방여기요』에서 노룡현이 낙랑군의 속현인 조선현이라고 했으니 이 지역이 한나라 낙랑군 지역이다. 이 기록만으로도 낙랑군이 지금의 평양이라는 식민사학자들의 주장은 거짓이다. 한국역사학계 태두(?)라고 추앙받고 있는 이병도는 북한 황해도 수안군(遂安郡)의 수(遂)자가 수성현의 수(遂)와 같다는 이유로 수안군이 수성현이라고 비정했는데 한마디로 학자로서 양심 불량이라고 할 수밖에 없다. 필자가 관람한 중국의 모든 박물관은 태두(?)의 설을 존중해서 중국 만리장성이 황해도 수안에서 시작한다고 그려놓았다. 만리장성 서쪽 끝인 감숙성 가욕관 박물관에도 수안을 만리장성 동쪽 끝으로 그려놓았다. 믿지 못하는 분들도 많겠지만 한심한 사실이다.

갈석산은 높이가 695미터이고 경사가 급한 바위산이다. 정상은 출입 금지이고 8부 능선 정도까지 올라갈 수 있다. 막상 오르려 하니 청춘이 아닌 필자로서는 더운 날씨에 아득해진다. 조심스럽게 올라보기로 한다. 땀이 비 오듯 흐른다. 쉬엄쉬엄 올랐다. 앞서간 일행들이 어느 틈에 보이지 않는다. 몇 번을 쉬었는지 기

수암사에서 올려다본 갈석산

억이 없다. 50분쯤 늦게 일행들과 합류했다. 모두 박수로 환영해준다. 갈석산에 오른 한국 사람 중 필자가 아마도 최고령일 것이라고 격려해준다.

중국에는 갈석산이 여럿 있다. 가장 동쪽에 있는 갈석산이 이곳이다. 고조선과 중국 국경을 나타내는 표지 지형이 갈석산이므로 중국 입장에서 가장 유리한 갈석산이 이곳이다. 그러나 우리에게도 별문제가 없다. 중국 역사에서 황제 9명이 갈석산에 올랐다. 진시황과 그의 아들 호해, 한무제, 조조, 사마의, 북위 문성제, 북제 문선제, 수양제, 당태종이다. 조조와 사마의는 북방을 정벌하고 돌아가는 길에 올랐고, 나머지 황제들은 자신들이 다스리는 나라 지경(地境)을 순시하는 과정에 올랐다. 문성제, 수양제, 당태종은 선비족이고, 북제의 문선제는 고구려 고씨다.

조조는 갈석산에 올라 「관창해 보출하문(觀滄海 步出夏門)」이라는 시를 남겼는데 이 시는 "동으로 갈석에 이르러 푸른 바다를 보노라. 바다는 어이 이리도 출렁이는가(東臨碣石 以觀滄海 水何澹澹)"로 시작한다. 그런데 갈석산에서 바다가 잘 보이지 않는다. 미세먼지 탓인 듯하다. 갈석산에서 해안까지 15킬로미터라고 자료에 나와 있는데 바다가 잘 보이지 않으니 조조의 시흥이 느껴지지 않는다. 아마도 고대에는 해안선이 더 가까웠을 것이다.

갈석산이 있는 이곳 행정구역은 송나라 때 수성현에서 창려현으로 바뀌어 오늘에 이르고 있다. 당송 8대가 중 한 사람인 뛰어난 시인이자 『원도(原道)』를 써서 유학의 위상을 높인 한유(韓愈, 768-824)의 호가 창려인데 그의 고향이 이곳이다. 그의 호를 따서 현 이름으로 삼은 것이다. 지명에 훌륭한 사람 이름을 붙이는 관습이 오래되었음을 알 수 있다.

갈석산을 떠나 천진으로 가는 길은 250킬로미터 정도다. 논, 새우 양식장, 염전 등이 보이더니 곧장 어두워진다. 천진에서 자고 내일 인천공항으로 귀국한다.

4부

우리 민족
문명의 시원,
삼강평원

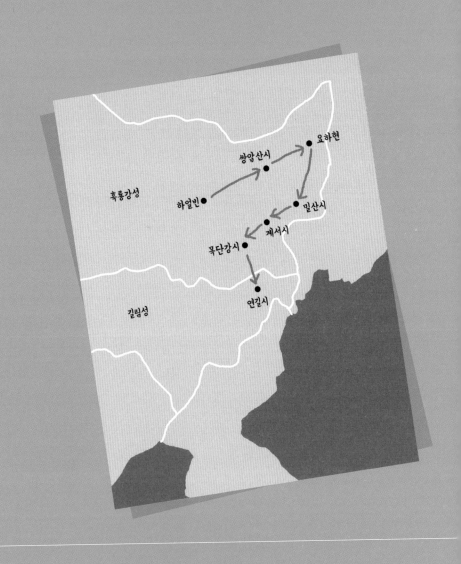

삼강평원 답사 경로

역사를 주제로 삼아 여러 차례 중국을 답사했다. 산동성, 하북성, 산서성, 하남성, 섬서성, 감숙성, 청해성, 요녕성, 길림성, 흑룡강성, 내몽고자치구 등을 헤매고 다녔다. 나도 몰래 눈물 흘린 곳도 있었고, 어쩌다 우리가 반도에 갇히게 되었는지 분하고 한스러운 지역도 있었고, 광활한 대륙에 압도당하기도 했다. 살다 보니 여기까지 와보는구나 하고 감동한 곳도 있었다. 그동안 세 해 넘게 창궐하던 코로나바이러스가 잠잠해져 여행이 자유로워졌다. 그사이 내 나이도 칠십대 중반을 넘었다. 나이 탓에 잘못하면 일행들에게 폐를 끼칠 수 있어 다시 중국 답사 여행에 낄 수 없으리라 생각했는데 이번 유라시아문화학회가 주관한 신석기 유적을 주제로 한 답사에 함께하게 되었다.

  나는 고고학에 문외한이어서 신석기 문화유적과 유물을 잘 모른다. 그렇지만 홍산문화 유지에서 본 아득한 옛날 신석기시대 사람들이 만든 아름다운 옥기는 경이로웠다. 가장 오래된 아름다운 옥기가 출토된 우수리강에 면한 소남산(小南山) 유적이 답사의 주된 목표라 하니 기대가 크다. 게다가 이번에 둘러볼 흑룡강성 동남부 삼강평원(三江平原)은 몇 차례 만주 답사에도 불구하고 가보지 못한 지역이다. 만주 3대 평원 중 송눈평원과 요동평원은 이전에 둘러보았다. 삼강평원은 흑룡강, 송화강, 우수리강을 품은 평원이다. 면적이 10만 제곱킬로미터로 대한민국 영토보다 조금 넓다. 해동성국 발해의 행정구역으로 보면 철리부(鐵利府), 동평부(東平府), 솔빈부(率賓府), 용천부(龍泉府) 지역을 이번에 답사한다.

답사 기간은 5월 13일부터 5월 25일까지다. 참가 인원은 16명이다. 1진 12명과 2진 4명으로 나누어 1진은 인천공항에서 연길로 가 기차를 타고 장춘에서 내려 버스를 빌려 백성, 치치하얼, 호륜패이, 알선동, 수화 지역을 답사하고 5월 19일 하얼빈에서 2진과 합류하는 일정이다. 나는 2진으로 참가해서 하얼빈에서 삼강 평원 답사를 시작한다. 내 답사 일정은 지도에서 보는 바와 같이 5월 19일부터 5월 25일까지 6박 7일이고 연길에서 인천공항으로 귀국한다.

역사 답사 여행에는 변수가 많다. 길이 나빠 예상보다 시간이 많이 걸리기도 한다. 길을 막아놓아 이유를 묻지 않고 빙 둘러 가야 하는 경우도 생긴다. 일정에 포함하지 못한 유서 깊은 유적지를 지나게 되어 운 좋게 횡재하는 수도 있다. 알 수 없는 이유로 중국 당국 조사에 시간을 보낼 수도 있다. 순조로운 답사 여행을 기대해본다.

1

답사에도 운이 있어야 한다

8시 50분에 인천공항에서 하얼빈행 비행기를 타야 하므로 6시 30분에 공항에서 일행을 만나기로 했다. 4시에 일어나서 아침을 간단히 먹고 짐에서 빠진 것은 없는지 확인했다. 5시 20분에 공덕에서 공항버스를 탔다. 여행을 떠날 때는 항상 가벼운 설렘이 있었지만, 이제는 나이를 먹어서인지 건강하게 다녀와야 한다는 걱정이 앞선다. 약속한 시간보다 조금 일찍 공항에 도착해서 일행을 만났다.

하얼빈행 비행기는 제주항공인데 다른 항공사와는 달리 자동 체크인이 되지 않아 접수대에서 직접 짐을 부치고 좌석을 배정받았다. 비행기는 정시에 이륙했다. 구름이 낀 날씨라 하늘 아래 아무것도 보이지 않는다. 40분쯤 지나 바다를 건넜다. 비행 항로가 화면에 나타나지 않아 중국 영토 어느 쪽으로 진입했는지 알 수 없지만 내려다보니 구름이 걷혔다. 골짜기 사이로 강이 흐르고 군데군데 저수지가 보인다. 골짜기 강가에 드문드문 마을이 형성되어 있다. 아직 평원에 진입하지는 않았다. 한참 지나서 내려다보니 평원이 갈색이다. 봄이라 작물이 다 자라지 않아서 녹색 평원은 아니다. 하얼빈 가까이 이르자 온통 물이다. 모내기 철이다. 10시 30분 정시에 하얼빈공항에 내렸다. 저가 항공이라 중간에 식사가 나오지 않았다. 출출했다.

하얼빈은 인구가 1천만 명이 넘는 중국에서 열 번째로 큰 도시로 흑룡강성 성도다. 북쪽으로 송화강에 면한 도시다. 이곳은 부여와 고구려 옛 땅이고 발해 때는 막힐부(鄚頡府)였다. 고조선 세 번째 도읍이 이곳에 있었다. 장당경(藏唐京)이다. 발해가 망한 후에는 금나라를 건국한 여진족 완안부(完顏部) 거점이었다. 1898년 러시아가 시베리아횡단철도를 블라디보스토크까지 연장하면서 러시아풍 도시로 발전했으나 1905년 러일전쟁에서 패배하고 1932년 일본이 괴뢰정부 만주국을 세우면서 러시아의 영향력이 사라졌다. 1909년 10월 26일 안중근 의사가 하얼빈역에서 이토 히로부미를 총살하여 세계를 놀라게 한 현장이 이곳이다. 저 악명 높은 인간 생체실험 현장, 731부대도 여기에 있었다.

이 큰 도시의 비행장은 참으로 한산하다. 아마도 국제화가 미진한 탓일 것이다. 한 시간쯤 기다려 답사 1진이 탄 버스에 합류했다. 머나먼 이곳 하얼빈에서 만나니 반가움이 더했다. 예정한 대로 곧장 흑룡강성 박물관으로 향했다. 2014년 8월 3일 관람한 적이 있는 박물관이다. 주변은 10년 전에 비해 변함이 없다. 2014년

요하소남산 유지 출토유물전

에 왔을 때 동북혁명열사 공적과 발해 유물을 대대적으로 전시하고 있었는데 감동이 컸다. 그런데 입구에 들어서니 이번 답사 핵심 유적인 우수리강에 면한 요하현(饒河縣) 소남산(小南山) 신석기 유적 출토 유물을 모아 집중적으로 전시하고 있다고 소개해놓았다. 요하소남산 유지 출토유물전(饒河小南山 遺址 出土遺物展)이다. 사진에서 보는 노란색 굽이는 우수리강이다. 강 오른쪽은 러시아고 왼쪽은 중국인데 소남산 유적지 위치가 표시되어 있다.

지난 몇 년 동안 홍산문화와 소남산문화 연구에 천착해온 동행한 정경희 교수로서는 그야말로 대박이다. 지금까지 발굴 보고서나 사진으로만 보던 소남산 유지 출토 유물의 실물을 한곳에서 모두 볼 수 있으니 말이다. 이 경우가 답사 여행에서 맞이하는 행운이다.

옥(玉)으로 만든 장신구는 용도로 보아 목걸이, 팔찌, 반지, 귀고리로 구분되는데 서기전 7200~6600년 무렵 만들어진 것으로 판명되었다고 한다. 홍산문화 옥기 시기가 서기전 3500년까지 올라가니 소남산 옥기는 홍산문화보다 3천 년 전에 만들어진 것이다. 중국 학계는 요서 지역 흥륭와문화(서기전 6200-5200)를 홍산문화 옥기의 시원으로 보다가 소남산문화를 시원으로 보지 않을수 없게 되었다. 소남산 옥기의 아름다움이 흥륭와 옥기보다 조금도 뒤떨어지지 않는다. 중국 학자들은 이들 옥기가 무엇을 형상화한 것인지 정확하게 모르지만, 정경희 교수의 연구에 의하면 우리 전통 선도사상을 투영한 것이라고 한다. 우리 것이니 우리 눈으로 보면 쉽게 알 수 있는 것이리라. 옥기는 대부분 하늘에 제사하는 천제(天祭) 때 착용하는 의기(儀器)다. 옥기 사진은 흐릿하나 실물은 정말 아름답다.

소남산 출토 옥귀고리

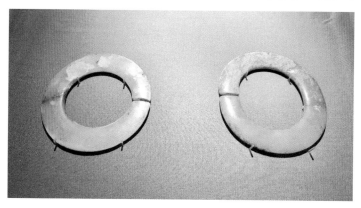

소남산 출토 옥목걸이

소남산 출토 옥반지와 옥팔찌

이 옥기의 원석은 요동반도 중부에 있는 수암에서 생산된 것이라고 한다. 수암에서 소남산까지의 거리가 지금 기준으로 2천 킬로가 넘는다. 옛 거리 기준으로는 5천 리다. 아득한 태고 시기에 두 지역 사이에 직·간접적인 교류가 있었다는 증거다. 특히, 소남산문화는 서기전 15000년까지 거슬러 올라간다고 하니 우리 역사에서 신시 배달국 이전 환국시대가 전설이 아니고 유물로 증명되는 역사시대일 수 있겠다는 생각이 든다.

정교하고 멋진 옥으로 만든 칼과 토끼도 전시되어 있다. 고고학에 문외한인 필자는 박물관 1층 절반을 채운 소남산 출토 유적을 설렁설렁 감상할 수밖에 없다. 정경희 교수와 유태용 교수는 하루로도 시간이 모자랄 듯하다.

흑룡강성 박물관 관람을 마치고 걸어서 가까운 거리에 있는 하얼빈역 안중근 의사 기념관을 찾았다. 2014년 이곳에 왔을 때는 방학 중이라 한국에서 온 학생들로 붐볐다. 오후 늦은 시간이라 관람객이 우리뿐이다. 전시물은 달라진 게 없어 보인다. 1909년 10월 26일 안중근 의사가 이토 히로부미를 총살한 현장이 유리창 너머로 뚜렷이 보인다. 누가 감히 대한민국에서 안중근 의사를 테러리스트라고 하는가?

그렇게 말하는 자들의 국적은 대한민국이지만 망한 지 오래인 대일본제국의 충실한 신민일 것이다. 자식들에게 부끄럽지도 않을까? 다음 사진에서 보는 바와 같이 일행들은 창 너머 총살 현장을 주시하면서 자리를 뜰 줄 모른다.

안중근 의사가 이토 히로부미를 총살한 현장을 주시하는 일행

　만달가일주점(萬達假日酒店)에 짐을 풀고 하얼빈 중앙대로에 있
는 식당으로 향했다. 점심을 거른 탓에 저녁을 달게 먹었다. 하얼
빈에는 러시아가 경영하던 시기에 건설한 널찍한 중앙대로가 남
아 있다. 거리가 돌로 포장되어 있다. 대략 2킬로미터 포장도로가
끝나는 곳에 송화강이 흐른다. 우리 일행은 밤이지만 송화강으로
향했다. 거리에 사람이 너무 많아 걷기가 어려울 지경이다. 가는
길에 아이스크림을 기름에 튀긴 묘한 음식을 파는 가게 앞에 사
람들이 줄을 서 있다. 생소하지만 맛이 좋았다.

　만주 지역을 다니면서 송화강을 여러 차례 보았으나 오늘처럼
강변에서 송화강 밤바람을 쐬기는 처음이다. 시원하다. 어, 그런
데 배들이 불을 켠 채 정박하고 있다. 한강 유람선만 한 배다. 우
리는 송화강 밤배를 타기로 한다. 강폭이 얼마나 넓은지 가늠하

기 어렵다. 우리가 배를 탄 강 한가운데에 태양도라는 섬이 있고 섬 너머도 강이라 더더욱 얼마나 큰 강인지 알 수가 없다. 하얼빈은 여진족 말로 '그물을 말리는 곳'이라는 뜻이다. 옛날부터 송화강을 중심으로 고기잡이가 성했던 곳임을 알 수 있는 증거다. 배를 타러 가면서 보니 모래밭에 주먹만 한 까만 조개껍질이 널려 있다. 말조개라고 한다. 물고기, 조개, 곡물이 풍부하게 생산되는 지역이니 신석기시대에도 살기 좋은 지역이었으리라.

강 위로 케이블카가 오간다. 조명이 환상적이다. 우리 일행은 가볍게 노래도 부르며 행복하게 40여 분을 보냈다. 예정에 없던 호사다. 송화강에서 언제 밤배를 다시 타볼 수 있겠는가!

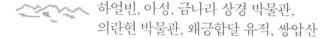
2

대일항전기 우리 민족 고난의 현장, 아성

푹 잤다. 6시에 일어나 체조로 간단히 몸을 풀었다. 호텔 아침 식사가 좋았다. 흐리고 비가 예보된 날씨다. 하얼빈시에서 동남으로 1시간 거리인 아성시로 가서 금나라 상경(上京) 유지와 박물관을 관람하고, 의란현(依蘭県)으로 이동해서 박물관과 왜긍합달 (倭肯哈達) 유적을 답사한 다음 쌍압산(双鴨山)시로 이동해서 자는 일정이다. 버스로 이동하는 거리가 8시간이 넘는 고된 일정이다.

아성 가는 길은 슬픈 길이다. 대일항전기 경상도 출신의 여러 독립투사 부인들은 이곳 아성에서 가족을 건사하면서 남자들의 대일항전을 뒷바라지하는 고난의 삶을 살았다. 그 대표적인 예가 석주 이상룡, 왕산 허위, 일송 김동삼, 백하 김대락 가족이다. 2014년 이 길을 지나면서도 가슴 저미는 상념으로 차창에 스치는 풍광을 바라볼 생각도 못 한 기억이 새롭다. 자료를 찾아보니 아성에 조그마한 조선족문화관이 있고, 동포들이 모여 사는 마을

대금고성 앞에서 필자

홍신촌이 있다. 기회가 있을지 모르겠으나 다음에 꼭 들러보기로 다짐하면서 상경 유지로 향했다. 주위는 온통 논이다. 모내기가 거의 끝나간다. 들판은 그야말로 도연명(陶淵明) 시 한 구절인 춘수만사택(春水滿四澤)이다. 봄 들판에 물이 가득하다. 논은 네모지게 경지가 정리되어 있다.

그런데 느닷없이 대금고성(大金古城)이 평원에 나타났다. 최근에 복원 중인 금나라 때 성이라는 설명인데 조금은 이상하다. 이곳은 평원이라 돌이 아닌 흙으로 성을 쌓는 토성이 일반적인데 돌로 복원하고 있다. 문헌 기록도 모르고 이른 아침이라 안내하는 사람이 없어 이 성의 내력을 자세히 알 수 없다. 아마도 금나라를 세운 여진족 완안부가 상경성을 쌓기 전에 마련한 근거지였던 것으로 추정된다. 규모가 상당하다.

상경 박물관에 도착했다. 씩씩한 두 기마상이 우리를 맞이한다. 금나라 태조 아골타와 아들 완안종한의 기마상이다. 2014년 이곳에 왔을 때와 다름이 없다. 박물관 정면은 상경성 터다. 토성 성벽이 뚜렷하다. 성 안에는 지금 마을이 있고, 하늘에 제사하는 천제단이 있다고 하나 찾을 엄두를 낼 수 없을 정도로 성 규모가 크다.

고려는 1107년 윤관을 사령관으로 삼아 대군 17만 명을 동원해 여진족을 정벌하고 두만강 북쪽 700리 지점 선춘령까지가 고려 땅이라는 비석을 세웠다. 정복한 지역에 아홉개 성을 쌓아 지켰다. 그러나 여진족의 간청으로 2년 후에 9성을 돌려주고 조공을 받는 식으로 여진족을 복속했다. 이때 정벌한 여진족이 완안부였고, 당시 완안부 추장은 아골타의 형 오아속이었다. 아골타가 대금 황제로 즉위한 해가 서기 1115년이니 윤관 정벌 후 겨우 8년이 지난 시점이었다. 12세기 초 삼강평원은 그야말로 격동의 시기였을 것이다.

2014년 이곳에 왔을 때 박물관을 관람하지 못했다. 휴관하는 월요일이었기 때문이다. 박물관은 주로 금나라 흥망성쇠와 관련된 내용을 전시하고 있다. 제일 먼저 눈에 들어온 것이 금 태조 아골타의 6대조 할아버지 심함보가 말갈인이라고 기록한 것이다. 우리 역사서와『금사』는 김함보를 고려(신라) 평주인으로 명확하게 기록하고 있다. 말갈족에 김씨 성이 있었다는 사실은 금시초문이다.

금나라를 건국하기 전 완안부는 거란족 요나라의 통제하에 있

춤추기를 거부하는 금 태조

었다. 요나라는 매년 겨울 지도부가 흑룡강성 북부로 이동해 주
변 부족들을 위무하고 정사를 돌보며 사냥과 낚시를 즐기는 날발
(捺鉢)을 실시했다. 1114년 요나라 마지막 황제 천조제(天祚帝)는
날발 잔치에서 부족장들에게 춤을 추라고 명령했다. 모두 명령에
응했으나 아골타는 마음에 들지 않아 춤을 추지 않고 꼿꼿하게
서서 버텼다. 이 사건으로 아골타는 주변 부족장의 신뢰를 얻어 군
사동맹으로 발전시켜 요나라를 멸망시키는 기틀을 닦았다. 박물관
은 이 사실을 부조로 만들어 전시해놓았다. 사진에서 좌정한 사람
이 천조제, 꼿꼿이 선 사람이 아골타다.

　금나라가 흰색을 숭상했다는 것은 잘 알려진 사실이다. 우리
와 같다. 그런데 이들이 상서롭게 여긴 동물이 해동청이라고 한
다. 해동청은 매다. 이 지역은 평원이어서 해동청이 많이 살고 있

는지 의심스러우나 박물관에는 멋진 해동청 사진과 박제도 있다. 마지막 전시실에는 금 태조 아골타의 커다란 청동 좌상이 놓여 있다. 박물관 뒤편에 아골타 능이 있으나 시간이 촉박해서 참배하지 않았다.

추적추적 비가 내리는데 의란까지 4시간이 걸리는 먼 거리다. 황사 탓으로 내리는 비도 흙비다. 다행히 길이 밀리지는 않는다. 대도시 근교가 아니기 때문이다. 의란 가는 길에 번현에서 간단히 점심을 먹었다. 의란현은 하얼빈시에 속한 현이다. 하얼빈은 시지만 면적이 대한민국 반보다 크다. 대일항전기 의란에는 애국지사 가족들이 많이 살았고, 지금도 영란조선족 향(鄕)이 있다. 의란 가는 길에 버스 안에서 한숨 잤다.

도착해 보니 의란은 한적한 시골 소도시다. 의란은 여진족 말로 '일란'인데 뜻이 3 또는 삼성(三姓)이라고 한다. 삼성은 세 부족을 의미한다. 의란은 고려 말 건주여진 오도리부의 근거지였다. 그 추장 동맹가첩목아(童猛哥帖木兒)가 부족을 이끌고 의란에서 두만강 부근으로 이주해 태조 이성계와 밀접한 관계를 맺었다. 생각해보니 묘한 생각이 든다. 청나라 황실 시조가 나무꾼과 선녀 설화로 태어난 포고리옹순이다. 당시 서로 싸우던 세 부족을 통합하라고 하늘이 보낸 사람이다. 포고리옹순은 오도리성으로 가서 세 부족을 통합하고 지도자가 되었다. 포고리옹순은 동맹가첩목아의 선조이고 동맹가첩목아는 청나라를 건국한 누루하치의 조상일 것이다. 오늘날 중국의 광대한 영토는 청나라가 개척하여 물려준 것이다. 이 청나라 시원이 바로 이곳 의란이라는 생각이 든다. 지리적으로는 삼강평원의 큰 강 중 하나인 목단강이 의란에서 흑룡강으로 들어간다.

의란현 박물관은 소박하다. 특별히 관심을 끄는 유물이 없다. 금나라 역사와 의란현 주요 역사 인물 등을 전시하고 있다. 박물관에는 중국 북송 황제 휘종과 흠종 부자의 초상도 걸려 있다.

북송 황제 흠종과 휘종

금나라가 중원을 정벌하는 과정에서 1126년 11월 북송 수도 개봉을 함락하고 휘종과 흠종 및 대부분의 황족을 포로로 잡아 이곳 의란으로 끌고 왔고, 이들은 여기서 일생을 마감했다. 특히, 비빈과 딸들은 금나라 황족과 귀족의 첩이 되거나 금나라 조정이 운영하던 위안소인 세의원(洗衣院) 기생이나 관기가 되는 비참한 삶을 살았다. 하남성 개봉과 의란 간 거리는 지금 도로 기준으로 3천 킬로미터가 넘는다. 멀리도 잡혀온 것이다. 역사서는 이를 정강의 변(靖康之變)이라고 한다. 영가(永嘉)의 난(307-311), 토목보(土木堡)의 변(1449)과 함께 정강의 변은 중국 한족이 겪은 3대 수치다. 정강의 변으로 북송이 망하고 남송이 건국되었다. 필자는 휘종과 흠종이 잡혀 있던 곳이 오국성(伍國城)으로 고구려 수도였

던 집안으로 알고 있었으나 집안을 답사했을 때 관련 흔적을 전혀 찾을 수 없었다. 박물관이 있는 곳이 오국성이라는 마을이다.

왼쪽 사진에서 보는 바와 같이 이 박물관에 전시하고 있는

금나라 때 만든 불상

금으로 도금한 금나라 때 불상이 참으로 아름답다. 간직하고 싶을 정도다.

의란현 박물관 정면 가까이 강이 흐르고 다리가 걸려 있다. 이 강 건너 왜긍합달 유적으로 향했다. 강 너머는 야트막한 산이고, 기슭에 유적이 있는 것으로 나와 있다. 갑자기 비가 장대같이 쏟아지고 우박과 흙비도 섞였다. 가까스로 유적 입구에 도착했으나 길을 막아놓았다. 할 수 없이 답사를 포기하고 돌아섰다.

이 유적은 길이 12미터, 높이 2미터, 폭 1.5미터 동굴이다. 주거지로 사용하다가 무덤으로 바뀐 신석기 말기 유적이다. 무덤 4개가 발견되었는데 옥기 7점 등의 유물이 출토되었다. 이 중에서 옥으로 만든 칼은 양날 칼인데 아주 얇게 갈아 양쪽에 날을 세우고 가운데는 볼록렌즈처럼 되어 있다. 이런 제작 기법이 편박인변(扁薄刃邊)인데 고급 기술이라고 한다. 소남산 유적에서 이 기법으로 제작한 옥기가 발견되었다. 이 기법은 홍산문화 옥기로 계승되었기 때문에 계통상 중요한 유적이라고 한다. 이 유적에서 출토된 실물 옥기는 보지 못했다. 그런데 왜긍합달 유적이 발견된 동굴을 안쪽으로 500미터 정도 더 파서 술 보관 창고로 만들어놓았다고 한다.

흙비가 계속 내리는 가운데 2시간을 넘게 달려 쌍압산시에 도착했다. 호텔 근처는 완전히 신도시로 개발한 지역으로 보인다. 러시아 제품 전시관과 관련 시설이 잘 마련되어 있는 것 같다. 러시아와 국경이 가까워서다. 호텔에 들어서자 난감한 일이 생겼다. 고급 호텔인데 우리가 첫 외국인 손님(아마도 러시아인을 제외하고)이라 어떻게 처리해야 할지 몰라 직원이 당황한 것이다. 조금 있으니 공안이 왔다. 공안 한 사람과 우리 일행 모두가 개별적으로 사진을 찍은 후 방으로 들어갈 수 있었다. 알 수 없는 일이다. 아직 국제화가 덜 된 탓일 것이다. 가까운 식당에서 늦은 저녁을 먹었다. 음식이 입에 맞았다.

3

40만 평 고대 도시, 봉림고성

오늘은 이동 거리가 5시간 정도다. 그러나 지역이 넓고 유적이
평원 한적한 곳에 있어 모래사장에서 바늘 찾듯이 유적을 찾아야
할 것 같다. 쌍압산시 중앙을 남서쪽에서 북동쪽으로 흘러 우수
리강으로 들어가는 칠성하(七星河) 좌우에서 봉림고성(鳳林古城)
과 포대산(炮臺山) 유적을 찾아야 한다. 그리고 쌍압산시 동북쪽
을 동서로 가로지르는 완달(完達)산맥을 넘어 요하현(饒河縣)으로
가야 한다.

시간이 오래 걸릴 것으로 예상
하여 호텔에 아침 식사를 주문해
서 6시 30분에 출발했다. 쌍압산

봉림고성 표지석

시 중앙대로는 얼마나 넓은지 참으로 부럽다. 넓은 땅이 나라 소유이고 인구밀도가 낮으니 이런 도로를 만들 수 있었을 것이다. 시내를 벗어나니 시골길이다. 포장이 잘 되어 있고 한적하다. 길 안내기가 말하는 대로 유적지가 있다는 칠성하 주변에 도착해서 주민들에게 위치를 물었으나 같은 대답이 없다. 주민 한 분이 자기 차로 안내하겠다고 나섰다.

울퉁불퉁한 버드나무 길을 돌고 돌아 한참 가서 평원의 섬처럼 숲이 우거진 곳에 버스를 세우니 봉림고성 유지다. 봉림고성 주변은 숲과 마을이었는데 유적지를 정비하면서 마을을 이전하고 숲은 베어내 농경지로 만들었다고 한다.

흙으로 쌓은 성이다. 윗부분이 많이 무너졌으나 흔적이 뚜렷하고 인공으로 조성한 해자도 확연하나 물은 없고 나무만 무성하다. 치(雉)도 알아볼 수 있을 정도로 남아 있어 이 토성이 우리 민

봉림고성 성벽 흔적

족과 문화를 공유한 사람들이 쌓은 성임을 짐작할 수 있다. 널찍한 평지가 있고 주변은 숲이어서 둘러보기가 쉽지 않다. 평지 여기저기에 토기 조각들이 보인다.

발굴 보고서에 의하면 이 성은 중국 한나라 때 유적이다. 성은 9개 구역으로 나누어지는데 제7구역이 중심이다. 제7구역은 정사각형이고 성벽이 높고 누각도 있고 규모가 커서 왕궁으로 추정된다고 한다. 성 전체 면적이 120만 제곱미터로 40만 평 정도인 아주 큰 성이다. 칠성하 주변 유적 중에서 가장 기획이 잘된 도시 유적으로 평가하는데 이 지역 정치 집단의 중심지였을 것이다. 그러나 정치 집단의 구체적인 성격은 알려지지 않았다. 우리 관점에서 깊이 연구해볼 만한 과제다. 이 성은 중점 유물 보호 단위로 중국 당국이 중시하는 유적이다. 고성에서 온돌 유적이 발견되었고 석기, 청동기, 철기, 도기, 골기 등 1,600여 점의 유물이 출토되었다고 하는데 행방은 알 수 없다.

봉림고성에서 현지 농부를 따라 포대산 유적지를 찾았다. 포대산은 봉림고성보다 조금 남쪽, 칠성하 왼쪽에 있었다. 말이 산이지 평원에 조금 우뚝한 동산으로 면적은 제법 넓어 보인다. 평원에서 유일한 동산이니 뭔가 옛 유적이 있을 만한 곳이다. 중국 천문고고전문가 이세동 씨에 의하면 "봉림고성은 왕궁이고 포대산 유적은 제천단인데 왕궁이 북쪽에, 제천단이 남쪽에 위치한 형식이다. 이런 배치는 북경 자금성의 천단(天壇) 배치와 같은 것이다. 정치권력을 행사하는 황궁이 북쪽에 있고, 하늘에 제사 지내는

炮台山古城

천단은 황궁 남쪽에 위치한 것과 같다." 의미심장한 말이다. 천단을 만주족 청나라가 세웠고, 이곳이 만주족과 그 선조들이 살던 지역이다.

어렵사리 포대산 유적에 도착했는데 철조망으로 막아놓아서 들어갈 수가 없다. 이 먼 곳까지 왔는데 들어가 볼 수 없다니 허망하다. 그렇지만 어쩌겠는가.

아래 사진에서 멀리 보이는 야트막한 평평한 동산에 제천단이 있다고 되어 있다. 포대산은 원뿔형이었는데 정상을 깎아 평평하게 고른 다음 제천단을 만들었다고 한다. 3층으로 제단을 조성했

포대산 정상에 있는 제천단

다. 여기에 더하여 북두칠성을 나타내는 7개 구덩이를 만들었다. 별의 방위 표시가 아주 정확하다고 한다. 여덟 번째 구덩이도 만들었는데 북극성을 표상한 것이라고 한다. 제천단에 마련한 북두칠성 유적으로는 여기가 제일 크다고 한다. 볼 수 없어 정말 아쉽다.

사실 북두칠성은 우리 선도사상에서 큰 의미가 있다. 선도사상은 아득한 옛날 신시 배달국 개창 이념으로 궁극적으로 홍익인간을 지향하는 사상이다. 선도사상은 우리 인간을 하늘의 맑고 밝은 기(氣)를 받아 태어난 존재로 인식한다. 기를 생명의 본질로 본다. 하늘의 맑고 밝은 기를 받아 태어났으니 누구에게나 인간은 소중한 존재다. 맑고 밝은 기는 인간이 성장하면서 소진하고 탁한 기가 섞여 순수한 기의 충만함을 유지하기 어렵다. 그래서 인간은 수련으로 하늘의 기를 받아 탁한 기를 정화하고 맑고 밝은 기를 충만하게 유지해야 한다. 이 상태에 도달한 사람이 성통(成通)한 사람이다. 성통한 사람은 성통하지 못한 사람이 성통하도록 도와야 한다. 이 단계가 공완(功完)이다. 성통하고 공완하는 수련은 모든 사람을 이롭게 하는 홍익인간, 즉 공생(共生)의 구현이다. 이렇게 해서 인간의 생명이 다하면 기는 하늘로 돌아가는데 이를 조천(朝天)이라 한다. 조천의 귀착점을 북두칠성이라고 인식하기에 북두칠성은 한국 선도의 완성점이다. 선도에 관심이 있는 사람들에게 이 포대산 칠성단은 소중한 역사적 유적이다. 아마도 이 칠성단이 한국 선도와 관련이 있어서 출입을 막고 있는지도 모르겠다.

포대산을 떠나 동북 방향으로 요하현으로 향했다. 물을 댈 수 있는 곳은 모두 논이다. 모내기가 거의 막바지인 것 같다. 버드나무 가로수 길이 지루할 정도로 계속된다. 게다가 흐린 날씨다. 완달산맥을 넘는 길이다. 말이 산맥이지 우리나라의 웬만한 고개 정도다. 산맥 입구에 도착하니 공사판이다. 길을 막고 돌아가라고 한다. 돌아갈 수밖에 없다. 완달산맥 기슭 길 100킬로미터 정도를 돌아가야 한다. 삼강평원은 제주도처럼 흙이 검다. 화산 분출 때문이라고 한다. 그래서 이 지역 문화를 흑토(黑土)문화로 부르는 사람도 있다. 돌아가는 길 주변 흙은 검은색이 옅은 것 같다. 백두산에서 멀어지기 때문인가?

오후 5시쯤 소남산에 면한 요하현에 도착했다. 산 입구에 박물관이 있고, 오른쪽으로 우수리강이 흐른다. 우수리강 동쪽은 러시아다. 우수리강은 만주에서 제일 큰 호수인 흥개호에서 발원하여 북쪽으로 흘러 흑룡강과 합류한다. 1860년 청나라와 제정 러시아가 체결한 북경조약으로 중국과 러시아 국경이 되었다. 예약한 탓에 박물관 관계자가 기다리고 있었다. 박물관은 소남산 출토 유물, 요하현 혁명열사 사적, 혁철족(赫哲族) 문화를 전시하고 있다.

소남산 출토 유물 진품은 박물관에 없는 것 같다. 대표적인 옥기 사진을 전시하고 있다. 진품은 대부분 흑룡강성 박물관에서 보았다. 다음 사진은 소남산 출토 옥칼이다. 옥을 갈아 이렇게 만드는 데는 공력이 많이 들었을 것이다.

지금 요하현 인구는 10만 명이 조금 넘는다. 대일항전기 우리 동포 2,500여 명이 살았다고 한다. 혁명열사 사적 전시실에는 걸출한 혁명열사 6명의 사적을 전시하고 있다. 이 중 두 분이 우리 동포다. 박진우와 최석천인데 초기 대일 유격대 대장으로 활약한 사람들이다. 두 분 모두 이북 출신인데 박진우 대장은 후일 동북항일연군 제4군 부사령관으로 활약하다 서른 살이 안 돼 전사했다. 최석천 대장은 북한 정권 수립 후 부주석까지 올랐던 최용건이다. 이들의 대일 유격전은 이념에 앞서 독립전쟁이었을 것이다.

혁철족은 중국에서 인구가 가장 적은 소수민족이다. 약 5,000명이라고 한다. 이곳이 혁철족 자치 마을이다. 박물관은 이들의 문

옥을 다듬어 만든 칼

혁철족 가면 일부

물고기 가죽으로 지은 옷을
입은 혁철족 남녀

화를 전시하고 있는데 정교한 가면이 눈에 확 띈다. 경기도 고양시의 중남미박물관에서 본 남미 인디언 가면과 분위기가 비슷하지만 아름답기도 하다. 혁철족 생업이 수렵과 어업인데 아마도 주업은 어업이었던가 보다. 박물관에 물고기 가죽으로 지은 옷을 입은 남녀를 전시하고 있는데 생소하지만 괜찮아 보인다.

박물관을 나와 길 건너 우수리강으로 갔다. 만주에서 제일 큰 호수 홍개호에서 발원하여 북쪽으로 흘러 흑룡강과 합류하는 강이다. 강 중간에 섬이 있어 두 줄기 강이 합류하여 흐른다. 강폭이 얼마나 넓은지 가늠하기 어렵다. 주변이 잘 정비되어 있다. 낚시하는 사람들이 보인다. 우수리강 동쪽은 러시아고 서쪽이 중국이다. 1860년 청나라와 제정 러시아가 체결한 북경조약에서 정한 국경이다. 물이 깨끗하다. 여기저기 다슬기가 다닥다닥 붙어 있어 일급수임을 알겠다. 송화강에서 보았던 말조개도 보인다. 서울보다 위도가 높아 온도가 조금 낮고 강바람이 상쾌하다. 혹한이 몰아치는 겨울이 아니라면 정말 살기 좋은 고장일 것 같다.

혁철족 생선 요리 전문 음식점에서 저녁을 먹었다. 생선과 채소가 푸짐하게 나왔다. 채소는 너무 좋았다. 생선 요리는 맛은 있는데 간이 맞지 않았다. 한국 사람 입맛 맞추기가 쉬운 노릇인가. 더구나 이 지역에 오는 한국 사람은 아주 드물 것이다.

우수리강. 멀리 보이는 육지가 러시아

4

우리 민족 역사의 시원, 소남산

조금 일찍 일어났다. 체조로 몸을 풀었다. 우수리강가를 산책했다. 약간 쌀랑하지만 상쾌하다. 언제 다시 이 먼 곳 우수리강에 오겠는가. 대일항전기 연해주로 간 애국지사 중에는 이곳을 경유한 분들도 있었을 것이다. 조국의 독립을 가슴에 품고 낯설고 물선 이곳에 온 애국지사들의 감회를 어찌 상상이나 할 수 있겠는가.

오늘은 소남산 유적을 자세히 답사하고 완달산맥을 통과하여 밀산(密山)시로 간다. 완달산맥은 우리 상고사와 관련이 있다. 밀산시는 대일항전기 독립전쟁의 핵심 근거지다. 이동 시간이 5시간 정도인데 조금은 느긋한 일정이다. 호텔에서 아침을 먹고 바로 옆 소남산으로 향했다. 소남산은 우수리강에 면한 구릉인데 높이가 100미터 정도 되어 보인다. 정상까지 쉽게 걸어갈 수 있다. 나무가 울창하고 여러 갈래 산책로가 나 있다. 이름 모를 야생화가 지천인데 식생이 우리네와 비슷하다. 구릉 전체는 제법 크다. 어제 오후 늦게 일행 두 분이 정찰 답사를 해서 구릉 지형과 길을 안내하니 한결 수월하다. 부지런하고 헌신적인 사람이 답사에도 소중함을 알겠다. 이 유적에서 출토된 유물 실물 대부분을 흑룡강성 박물관에서 보았기 때문에 유적 위치 중심으로 답사에 나섰다. 오늘 오전 시간을 전부 이곳 답사에 할애하기로 한다.

가볍게 정상에 오르니 주차장 정자 충혼탑이 있다. 고개를 돌려 보니 돌무더기가 수북하다. 발굴 보고서에 의하면 이 돌무지는 제천단 유지다. 전망이 좋고 접근이 쉬운 구릉 중심부에 제천단을 마련한 것이다. 복원하지 못한 사정이 있겠으나 정비라도 했더라면 좋았을 것이다. 발굴 보고서에 나와 있는 유적지에 맞춰 여기저기 답사했으나 고고학에 문외한이어서 별 느낌이 없다. 그런데 이 소남산 문화를 최근 3년 동안 집중적으로 연구해온 동행한 학자는 지형을 살펴보면서 이곳은 몇 번 묘지, 이곳은 몇 번 주거지 등, 마치 여기에 여러 차례 와본 듯이 지적한다. 이분에게는 이 현장이 감동 그 자체다. 얼마나 열심히 연구했던지 머리에

소남산 유지 표지석

발굴 보고서가 통째 담겨 있는 것 같다. 전문가와 일반인의 차이가 이런 것이리라. 소남산 전체가 유적으로 보인다. 일부만 발굴했고, 더 발굴하면 많은 유물이 나올 것 같은 곳이다. 지금도 발굴이 진행되고 있는 현장이 있는데 출입 금지다. 구릉 전체에 나무가 울창하고 둘레길처럼 잘 정비되어 있다. 마을 사람들에게는 최상의 휴식 공간이다.

한참 둘러본 다음 우수리강 쪽으로 내려오는데 수줍은 듯이 소담하게 핀 야생화 여러 그루가 모여 있다. 꽃이 화사하지는 않다. 이름을 알 수 없는 꽃이다. 동행한 소대봉 선생이 휴대전화로 확인하더니 '복주머니난'인데 '개불알꽃'이라고도 한다. 개불알꽃이 더 정겨운 이름이다. 우리나라에서는 국립식물원에서나 볼 수 있는 희귀한 종이라고 한다. 기술 발전으로 꽃 이름을 금방 알 수 있으니 참 좋은 세상이다. 야생 둥굴레가 여기저기 군락을 이

소남산 숲속에서 필자

복주머니난

루고 있다. 내려오는 길에 우수리강을 조망할 수 있는 경관이 빼어난 곳에 조그만 쉼터가 있다. 우리 일행은 모두 여기서 증명사진을 찍었다.

소남산문화로 명명된 이 유적에서 환호를 두른 제천단(壇), 사당(廟), 무덤, 주거지가 확인되었고, 유물로는 옥기 200여 점, 석기, 골기, 도기 등이 출토되었다. 유적의 시기는 5기간으로 구성되는 것으로 확인되었다. 1기는 서기전 15000~서기전 11000, 2기는 서기전 7200~서기진 6600, 3기는 서기전 2700~서기전 2500, 4기는 서주(西周) 시기, 5기는 서한(西漢) 시기다. 지금까지 발굴 성과만으로도 소남산문화는 동북아에서 가장 이른 신석기 유적이다. 특히, 정경희 교수에 의하면 소남산문화 중심 유적 유물인 적석묘와 옥기는 한국 선도의 세계관인 천·지·인 삼원조화론, 생사관인 성통·공완·조천론, 수행관인 지감·조식·금촉론을 형상화한 것으로 판명되었다. 이 연구 결과는 소남산문화의 주체가 우리 선도사상을 확립한 사람들임을 시사한다.

소남산문화 유지와 유물의 계승 발전을 분석한 결과 백두산 천평 지역으로 남하하여 후기 신석기에 새로운 문화를 열었고, 다시 요서의 대릉하 청구 지역으로 전파되어 후기 신석기의 홍산문화를 만개시켰다고 한다. 요서 흥륭와문화보다 무려 1천 년이나 앞서는 소남산문화는 우리 민족과 역사의 시원에 대한 새로운 지평을 연 것으로 볼 수밖에 없을 것 같다. 이러니 이번 답사의 주 목표가 여기 소남산이다.

소남산에서 가장 전망이 좋고 강 건너 러시아를 감제할 수 있는 곳에 중국 군대가 주둔하고 있다. 그 자리가 가장 많은 유물이 출토된 유적지가 발견된 곳이라고 한다. 옛날이나 지금이나 인간

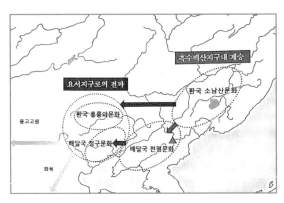

소남산문화 계승과 전파(정경희 교수 논문 중에서)

우수리강가 수수꽃다리

이 좋은 자리를 알아보는 안목에는 차이가 없나 보다. 답사를 다니다 보면 때로는 상식에 의심이 든다. 우리 식물에 정통한 친구가 라일락 자생지가 우리나라이고 우리말 이름이 수수꽃다리라고 알려준 적이 있다. 이번 답사에서 삼강평원 길가, 숲, 마을에서 수수꽃다리를 쉽게 볼 수 있었다. 한국에서 누가 옮겨 심지 않았을 것이다. 수수꽃다리를 한국과 만주 등지에 넓게 분포한 식물로 보는 게 맞을 것 같다.

소남산 숲속에서 우수리강가로 내려와 근처 식당에서 점심을 먹고, 커피도 마시고 밀산시로 출발했다. 이곳에서 밀산시까지 350킬로미터쯤 된다. 밀산 가는 길은 완달산맥을 약간 남서쪽으로 넘는다. 사방이 논인 버드나무 길을 계속 달린다. 완달산맥을 만나자 산길인데 고도는 100미터 정도다. 산길이 골짜기 길이 아니다. 분지형인 지역이다. 오가는 차가 많지 않아 길을 전세 낸 것 같다. 휴게소에 들렀는데 고사리를 다듬는 부인이 보인다. 여행자는 우리뿐이다. 부인이 데리고 온 백구가 우리를 엄청 반긴다. 영리한 개다. 일행 한 사람이 소시지 몇 개를 던져주니 맛있게 받아먹으면서 어찌나 재롱을 부리는지 우리를 즐겁게 한다. 이어 나타난 마을에는 고사리를 잔뜩 모아놓았다. 고사리가 이 산록의 특산물인가 보다.

사실 완달산은 우리 상고사에도 나오는 유서 깊은 산이다. 조선 중종 때 이맥(李陌) 선생이 지은 『태백일사(太白逸史)』「삼한관경본기(三韓管境本紀)」에 의하면 신시 배달국 환웅천왕이 전국을 순회하면서 천제를 지낸 산 중 하나가 불함산(不咸山)인데 선생은 불함산의 당시 이름이 완달산이라고 했다. 구체적으로 이 지역 어느 산봉우리에서 천제를 지냈는지 알 수 없으나 우리 역사 시원이 참으로 아득하다. 환웅천왕 시기는 대략 6천 년이다.

완달산맥을 벗어나 조금 더 가자 진보도(珍寶島)라는 곳이 나온다. 이곳에서 러시아와의 국경이 멀지 않다. 진보도에서 1969년 3월 소련과 중국 간에 전차까지 동원한 대대적인 전투가 있었다. 서로 사회주의 패권국가가 되려는 경쟁이 불러온 국경 전투였지만, 청나라 말 러시아와 청이 체결한 국경조약에 중국이 불만이 많은 것도 이유였다. 세계 평화를 위협하는 분쟁이었다. 같은 해 9월 소련 외상 코시킨과 중국 수상 주은래 회담에서 해결되었지만 국제적인 위기를 고조시킨 사태였다. 살다 보니 참 멀고도 먼 외진 이곳까지 왔구나! 완달산에는 최근 하얼빈에서 사육하여 자연으로 보낸 호랑이가 살고 있다고 한다.

밀산(密山) 가는 버스에서 두서없이 여러 생각이 오간다. 밀산은 숲이 우거진 산이라는 뜻일 텐데 주위에는 그리 높은 산이 없다. 대일항전기 독립운동사 관련 문헌에는 밀산이 자주 나온다. 밀산은 삼강평원과 러시아를 잇는 주요 교통로에 있다. 독립군이 러시아에서 무기를 구해 올 때 밀산을 경유했다. 걸출한 독립투사들이 밀산을 근거로 활동했다. 특히, 이승희 선생은 1909년 밀산 봉밀산 아래에 토지를 마련하고 100여 호가 사는 한흥동(韓興洞)을 건설하여 독립항쟁의 근거지로 삼았다. 이승희 선생은 경상북도 성주 출신으로 조선 말 걸출한 유학자 중 한 분인 한주(寒洲) 이진상(李震相, 1818-1886) 선생의 아드님이다. 이승희 선생 문하에서 광복 후 성균관대 초대 총장을 지내신 독립투사 심산(心山) 김창숙(金昌淑, 1879-1962)이 나왔다.

한흥동은 한민족이 일어나는 마을이라는 뜻이다. 1913년에는 밀산무관학교도 설립되었다. 만주 독립군 삼부 중 신민부가 밀산을 중심으로 싸웠다. 홍범도 장군도 한때 한흥동 학교 교장을 지냈다고 한다. 북로군정서 독립군도 밀산을 집결지로 활용했다. 심지어 조선공산당 만주총국이 밀산에 있었다. 혹시라도 다음에 기회가 주어진다면 한흥동을 반드시 찾아 보리라. 내일 일정이 빠듯해 시간을 낼 수 없어 선열들에게 정말 송구하다.

저녁 7시에 밀산에 도착했다.

5

박물관은 역사 교육 현장이어야 한다

밀산에서 대략 우수리강을 따라 남하하여 흥개호에 면한 신개류(新開流) 유적을 답사한 다음 계서(鷄西)시로 간다. 계서시 박물관을 관람하고 시 외곽에 있는 도배산(刀背山) 유적을 찾은 후 목단강(牧丹江)시로 가는 일정이다. 이동 거리가 6시간으로 예정되어 있다. 동행한 소대봉 국장이 아침 일찍 호텔 근처 노점에서 음식을 사왔다. 호텔 식사와 같이 먹었다. 먹을 만하다. 중국 말이 통하지 않는 사람인데 눈치로 샀다고 한다. 이곳 밀산은 시골이지만 아침을 사먹는 사람이 많은가 보다. 8시에 호텔에서 출발했다.

흥개호 가는 길은 어제와 큰 차이가 없다. 한 시간 넘게 달려 흥개호 근처에 이르렀다. 보니 흥개호는 호륜패이초원의 호륜호처럼 평원 낮은 지역에 물이 모여 형성된 호수다. 그러니 수심이 깊을 수가 없다. 제일 깊은 곳이 10미터 정도라고 한다. 오고 가는 큰 배는 보이지 않는다. 흑룡강성 동남부에 있는 이 호수는 만주

흥개호에서 필자

에서 가장 큰 호수다. 길이가 100킬로미터, 폭이 80킬로미터라고 하니 정말 큰 호수다. 남쪽에서 발원한 여러 강이 이 호수로 흘러 들어 물이 모이고, 다시 북으로 흘러 흑룡강과 합류한다. 수심이 얕고, 날씨 탓인지 물색이 충충하다. 바람이 불어 파도가 제법 인 다. 호수가 좀 오염된 것으로 보인다. 겨울이면 꽁꽁 얼어 장관을 연출할 것이다. 사람이 많지는 않으나 호수 옆 도로를 공사 차량 이 빨리 달려 위험하다. 워낙 큰 호수를 많이 본 탓인지 기대했던 것만큼의 감흥은 없다.

흥개호 북쪽에 호수 안으로 뻗어 들어온 반도 중간에 신개류 유적이 있다. 신개류 유적에서 물고기 저장소 10곳, 무덤 32개가 발견되었다고 한다. 무덤은 토광묘로 서기전 4100년 무렵 씨족 사회 공동묘지로 밝혀졌다. 무덤 중 3개는 씨족장급 무덤이다. 무덤에서 인골이 출토되었고, 부장품은 석기, 골기, 도기로 모두가 생활 도구였으며, 옥기는 없었다. 물고기는 도기에 담아 저장했는데 모형을 만들어 현장에 전시하고 있다. 이 신개류 유적은 소남산 유적과 같은 지배 권력 중심지 문화유적이 아니고 주변 지역 씨족 문화유적이라고 한다. 신개류 유적은 아득한 옛날 흥개호에서 물고기를 잡아 생활하던 씨족 집단 문화다. 유적 입구에 신석기 젊은이 청동상을 세워놓았다. 찬찬히 살펴보니 아주 미남인 신석기인이다.

어깨에 매가 앉았고, 허리에 잡은 물고기를 차고 있다. 아랫배에 돼지머리를 달고, 창을 잡고 있다. 아주 위풍이 당당한 사나이상이다. 이 유적에서 모신상, 곰상, 뼈로 만든 매도 출토되었다고한다. 이 유물은 한국 선도의 표상 유물이다. 특히, 매는 우리 선

신개류 유적 신석기인 상

조 환웅족의 토템이다. 이 동상을 제작한 분이 이런 사실을 알고 있었는지 궁금하다. 아득한 옛날 우리와 같은 문화를 지녔던 사람들이 살았던 유적일 것이다.

이 지역은 삼강평원 중에서 흥개호 목릉하(穆棱河) 평원이라고 한다. 목릉하는 이 지역을 흐르는 우수리강 지류다. '목릉'은 여진족 말로 '말을 방목한다'는 뜻인데, 발해국 시기 이 지역이 국가 목마장이어서 연유한 말이라고 한다. 흥개호를 따라 남하하다가 목릉하 다리 지나기 전에 버스를 세우니 길가에 '서일총재항일투쟁유적지'라고 쓰인 큼직한 직사각형 기념비가 있다. 우리를 안내한 김 선생이 아는 곳이었다. 모두 정신이 번쩍 들었다. 자세한 내막을 알 수 없지만 여기가 서일(徐一, 1881-1921) 총재가 지휘한 독립군 전적지 중 하나가 아니겠는가. 이분은 대일항전기

서일 총재 항일투쟁 유적지에서

만주에서 무장 독립투쟁의 대부였다. 대종교 최고 지도자 중 한 분이며, 북로군정서 총재였고, 대한독립군단 총재였다. 1921년 순절하셨고, 묘소는 길림성 조선족자치구 화룡시 삼도구 대종교 3종사 묘역에 있다. 수년 전 연길에 갔을 때 참배한 적이 있다. 어찌 그냥 지나칠 수 있겠는가! 술 한 잔 따르고 모두 숙연하여 고개를 숙였다.

계서시로 향했다. 2시간 이상을 가야 한다. 낮은 곳은 논, 물 대기 어려운 지대가 조금 높은 곳은 밭이다. 아스라이 멀리 양쪽에 낮은 산줄기가 보이는 넓은 회랑 지역을 달리지만 평원이다. 지난 며칠 동안 드넓은 평원을 헤맸으니 평원 풍광에 나도 모르게 익숙해졌는지 약간 졸린다. 그런데 평원 가운데 높이가 100미터 정도 되어 보이는 외로운 산이 나타난다. 산 정상이 평평하고 넓다. 한참 쳐다보니 저 산 정상은 이 평원에서 움직이는 모든 것을 관찰할 수 있는 좋은 장소다. 이마도 고구려나 발해 시기에 저 산에 산성이 있었을지 모르겠다. 물론 샘이 있다면 말이다. 이 말을 들은 일행은 반신반의했다.

계서시에 도착했다. 자동차 번호판이 재미있다. 하얼빈에서 본 차 번호판은 대부분 흑(黑)1로 시작했는데 계서시의 차 번호판은 흑6으로 시작한다. 중국 각 성(省)은 시(市)로 지역을 나누고, 시 안에 작은 시와 현(縣)이 있는 구조다. 흑1은 흑룡강성에서 제일 큰 시 하얼빈 차고, 흑6은 여섯 번째 큰 계서시 차라는 표시라고 한다. 모처럼 한국식 점심을 먹기로 하고 한식당을 찾았는데 간판에 태극도 그려놓았으나 한국 음식과는 아무 관련이 없었다. 한류에 관심이 많은 식당인지는 알 수 없다. 늦은 점심을 먹었다. 괜찮았다.

계서시 박물관을 찾았더니 새로 지어 이전했고, 새 박물관이 5월 18일 개관했다고 안내하고 있다. 새 박물관으로 갔다. 계서시 박물관 건물, 참 잘 지었다. 모습이 근사하고 규모도 크다. 계서시 인구가 150만 명이라는데 이런 박물관을 짓다니 부럽다. 외양에 어울리게 내용도 충실한지 궁금해하면서 안으로 들어갔다. 1층 안내시설에는 박물관 전시품 사진이 입력되어 있고, 사진을 클릭하면 자동으로 전시품 내력을 설명한다. 부러운 시설이다. 박물관은 계서시의 역사, 혁명열사, 신석기 유적, 옛 성을 체계적으로 전시하고 있다. 박물관이 청소년 역사 교육 현장임을 확실히 알 수 있

계서시 박물관

는 시설이다. 부럽다.

박물관 입구에 전시한 계서시에서 발굴한 커다란 매머드 화석이 눈길을 끈다. 좀 이상한 기록도 있다. 명나라 성조 영락제(재위 1402-1424)가 계서시 관내 우수리강 주변에 군사기지 3개를 설치했다고 써놓았다. 명나라의 최동단 군사기지는 지금 심양 북동부의 철령시 은주구에 있었던 철령위인데?

신석기 유적이 잘 정리되어 있다. 박물관에 이어 답사할 도배산 유적도 설명이 좋다. 역사 기록은 금나라와 청나라가 대부분이다. 발해 유적도 더러 있다. 계서시로 오면서 본 평원의 외로운 산에 산성이 있을지도 모르겠다고 생각했는데 실제로 그 산에 발해 고성이 있었다고 박물관에 전시해놓았다. 과회성(鍋盔城)이다. 한자 뜻으로 보아 산 모양이 가마솥이나 주발을 엎어놓은 것 같

과회산성 원경(출처: 계서시 박물관)

과회산성 우물
(출처: 계서시 박물관)

아서 붙인 이름이리라.

박물관 설명에 의하면 과회산성은 계서시 지역에서 제일 큰 발해 성이다. 성벽 둘레가 13킬로미터가 넘는다. 방어 시설인 성벽 치도 14개가 있었다. 유물로는 도기, 쇠도끼, 마제석기 등이 출토되었다고 한다. 예상했던 대로 위의 사진에서 보는 우물도 있어서 산성이 있을 수 있었다. 모두들 어떻게 아셨느냐는 표정이다. 평원을 감제할 수 있는 곳에 군사기지를 마련하는 것은 대한민국 육군 병장 출신이면 누구나 알 수 있을 것이다. 발해 산성을 스쳐 지나고 산성과 우물 사진만 보고도 이 지역이 옛 발해 땅이었음을 실감했다.

박물관에서 도배산 유적지로 향했다. 시 외곽에 노야령산맥 줄기가 지나는데 제일 높은 봉우리가 계서산이고 옆 봉우리가 도배산이다. 계서산은 높이가 300미터 정도 되는데 정상에 혁명열사

충혼 누각이 있다. 도배산은 높이가 200미터쯤 되고, 계서산과의 중간에 고개가 있다. 유적지를 찾을 수 없어 온 길을 되돌아 산 서쪽으로 갔다. 근처 주유소에 주차하고 1.5킬로미터를 걸어 유적지 근처로 갔다. 계서산 기슭에 혁명열사를 기리는 기념관 공사가 한창이다. 현지인에게 위치를 물어도 아는 사람이 없다. 유적이 있음 직한 지형을 한 시간 헤매고도 결국 찾지 못했다. 포기했다. 박물관에 유적을 소상하게 설명해놓았지만 현지 유적 관리는 허술하다. 아마도 찾는 사람이 별로 없기 때문일 것이다. 정말 멀리서 이곳까지 왔는데 아쉽다.

도배산 유적지에서 돌무지 네 개가 나타났다. 돌담장을 두른 무덤이고, 인골도 출토되어 이 돌무지가 제천단 겸 무덤인 적석단총(積石壇塚)으로 판명되었다. 부장품으로 옥기 다섯 개, 돌도끼 네 개, 돌자귀 두 개, 기타 도기들이 출토되었다고 한다. 신개류 유적과 비슷한 시기인 서기전 4000년 무렵 유적이라고 한다. 유적과 유물 유형으로 보아 도배산 유적은 직접 소남산문화의 영향을 받은 문화라고 한다. 새삼 소남산문화가 왜 중요한지 알 수 있는 유적 중 하나다.

날이 어둑어둑해져 목단강시로 출발했다. 2시간 이상 걸리는 거리이니 밤늦게 목단강시에 도착할 것이다. 밤이니 주위 경관이 보이지 않는다. 불을 환히 밝힌 도시가 보이지 않으니 인구가 많지 않은 지역을 지나고 있음을 알겠다. 하늘이 맑아 초승달과 밝게 빛나는 별 하나가 다정하게 짝을 이루어 차창으로 우리와 동행한다. 밝은 별은 금성일 것이다.

밤 10시가 넘어 목단강시에 도착했다. 대다수 일행은 저녁을 거르고 호텔에 여장을 풀었다. 남자 네 분은 꼬치집에서 저녁 겸 가볍게 술을 마셨다. 연길 출신 동포가 목단강시에 낸 체인점 꼬치집이다. 기대했던 맛이 딱 이 맛이다. 목단강시에는 우리 동포가 많다고 한다. 한글 간판도 여기저기 보인다. 긴 하루였다.

6

아, 상경용천부!

　목단강시 박물관을 관람하고 발해의 수도인 상경용천부(上京龍
泉府)로 가기로 한다. 상경용천부는 원래 일정에는 없으나 경박호
(鏡泊湖) 가는 길에서 가까워 만장일치로 답사하기로 했다. 여기
까지 와서 어찌 상경용천부를 지나칠 수 있겠는가. 경박호에 접
한 앵가령(鶯歌嶺) 유적을 살펴본 다음 연길로 가면 오늘 일정이
끝난다. 5시간 정도 차를 타지만 만만한 일정은 아니다.

　목단강시는 1930년대 초만 하더라도 습지에 숲이 우거진 한적
한 시골이었고, 주민 대부분이 여진족이었다. 1934년 두만강 너
머 도문에서 영안(寧安)까지 철도가 개통되어 역이 들어서면서
발전한 도시다. 철도가 개통되자 우리 동포가 이곳으로 많이 이
주했는데 경상도 사람들이 다수였다고 한다. 지금 목단강시 인구
는 270만 명, 면적은 4만 제곱킬로미터다. 이 지역은 물론 농토가
넓다. 벼농사는 1907년부터 우리 동포가 개척했다고 한다. 박물

팔녀투강 기념상

관 개관 시간에 맞추어 호텔을 나섰다. 호텔에서 멀지 않았다.

목단강시는 대일항전기에 일제와 치열하게 싸운 지역이다. 박물관에 들어서자 대일항전기 목단강시에서 죽음을 무릅쓰고 일제와 맞서 싸운 혁명열사들을 대대적으로 전시하고 있다. 개인 사진과 이름을 써서 원형 천장과 벽에 빼곡하게 전시하고 있다. 우리 동포들 이름도 많이 보인다. 박물관은 바로 역사 교육 현장이다. 위의 사진은 여전사 여덟 분이 일제와 싸우다 최후에 목단강에 투신, 순국한 것을 기념하여 목단강변에 세운 팔녀투강(八女投江) 기념상이다.

박물관에 이 여덟 분의 청동상을 만들어 전시하여 대대적으로 기리고 있다. 여덟 분 중 두 분은 우리 동포다. 안순복과 이봉선님이다. 왜 역사를 알아야 하는가? 빛나는 역사도 있고 고난의 역사도 있다. 빛나는 역사에서 희망을 보고, 고난의 역사에서 교훈을 얻기 위해서다. 이 팔여투강은 우리에게는 빛나는 역사이자 고난의 역사다. 박물관에서 눈에 확 띄는 역사 현장 하나가 일본군의 잔혹성이다. 전투에 패하면 힘 없는 민간인을 살해하는 것이 일본인의 장기다. 네 살쯤 된 어린애를 죽이고 시신을 대검에 꽂아 자랑스레 치켜든 일제 군인 사진이다. 목단강시에서 일제가 저지른 만행이다. 너무 참혹한 사진이기에 나는 이 사진을 여기에 차마 실을 수가 없다. 이 사진을 본 일본인 후손들이 어떤 사과를 했을까?

발해를 해동성국으로 소개하고 유물도 전시하고 있다. 게다가 발해 3대 문왕 대흠무(大欽茂, 재위 737-793) 청동상을 전시하고 있

다. 문왕은 할아버지 고왕 대조영, 아버지 무왕 대문예에 이어 왕으로 즉위하여 발해를 실질적으로 해동성국으로 우뚝 세운 왕이다. 당나라와의 대결을 지양하여 평화를 정착시키고, 일본과도 활발하게 교류했다. 특히, 대흥(大興)이라는 연호를 사용하여 발해

발해 3대 문왕 대흠무 동상

가 황제국임을 명확히 했다.

그런데 옆의 사진에서 보는 바와 같이 청동상이 좀 이상하다. 칼을 뽑아 싸우려는 상인지, 칼자루를 잡고 윗사람에게 예를 표하는 상인지 알 수 없다. 당당하게 서 있는 청동상이면 자연스럽고 좋겠는데. 무슨 사연이 있어 이런 상을 만들었을까?

박물관을 떠나 약간 남서 방향인 영안으로 향했다. 발해 상경용천부를 답사하기 위해서다. 가슴이 두근거리는 가운데 고속도로로 100킬로미터 정도 가서 동경성 출구로 나오니 발해진(渤海鎭)이다. 여기에 상경용천부가 있다고 한다. 상경성을 동경성으로 불렀기 때문에 고속도로 출구가 동경성일 것이다. 기록에 의하면 발해 영토가 사방 5천 리였다고 하니 1리를 400미터로 보면 대략 동서와 남북이 2천 킬로미터였다. 5경(京), 15부(府), 62주(州)로 나누어 다스렸다. 5경은 상경용천부, 중경현덕부(中京顯德府, 현 길림성 화룡시), 동경용원부(東京龍原府, 현 혼춘시), 서경압록부(西京鴨綠府, 현 압록강 건너 임강 또는 집안), 남경남해부(南京南海府, 현 북청 또는 함흥)다.

상경용천부는 문왕 때인 756년 중경현덕부에서 천도한 수도다. 785년에 동경용원부로 천도했다가 793년에 상경용천부로 다시 와 926년 발해가 망할 때까지 수도였다. 상경성에 도착해 보니 평원성이다. 아스라이 멀리 사방으로 낮은 산줄기가 평원을 감싸고 있다. 평원성과 산성이 짝을 이루는 고구려성 구조는 아니나 멀리 산줄기 곳곳에 군사기지가 있었을 것이다. 갑자기 뼈

꾹새가 뻐꾹뻐꾹 울더니 그친다. 우리 일행 환영사인가 보다.

발굴하여 어느 정도 정비한 이 지역은 황궁 터다. 황궁 건물 다섯 채는 지반을 돋운 터와 주춧돌이 남아 있다. 장난감 같은 조그마한 모형 건물을 만들어 각 터 앞에 전시하고 있다. 발해 건물 모습이 어떤지 알 길은 없으나 모형은 중국 건물이다. 물론 발굴 당사자도 발해 건물을 본 적이 없을 것이다. 황궁 주위는 토성인데 무너졌으나 흔적은 뚜렷하다. 옛 모습 그대로 남은 것은 주춧돌, 허물어진 축대, 계단을 장식한 연화문, 토성 성벽과 우물이다. 상경성은 중앙에 주작대로가 있었고, 그 규모도 당나라 장안성에 못지않은 계획된 시가지였다. 황궁 터에서 농사도 짓고 있다. 이름 모를 새들이 속삭이고 한가로이 나비도 노닌다. 궁성 둘레가 3킬로미터이니 찬란했던 발해가 어느 정도였는지 짐작이 간다. 표지석에는 발해국상경용천부유지(渤海國上京龍泉府遺址)로 써서 발해가 당나라 지방정권이라는 뜻으로 쓰는 당(唐)자는 빠져 있다. 이 표지석을 중국이 동북공정을 시작하기 전에 세웠기 때문이리라.

제일 안쪽 궁전터 옆에 우물이 남아 있다. 발해 3대 문왕부터 모든 왕이 이 우물물을 마셨을 것이다. 발해가 망한 지 1,100년이 지났는데 아직 우물이 남아 있어 신기하다. 왕궁 입구에 우물이 하나 더 있다. 발해는 거란족 요나라의 공격으로 상경성이 함락되어 멸망했다. 연구에 의하면 당시 백두산 화산 분화로 화산재가 쌓여 발해는 군사 이동 등 요나라 공격에 제대로 대응하기 어려웠다고 한다. 요나라가 발해 강역을 실효적으로 지배하지 못해 만주 지역은 혼란기에 접어든 것으로 보인다. 역사학자들이 발해 멸망 후 만주 정치 상황을 체계적으로 상세하게 연구해서 우리 역사의 북방 강역을 일목요연하게 보여주면 좋겠다. 답사를 다녀 보니 요하 이동, 만주 중부 이남에는 요나라 흔적이 별로 없다.

이곳 상경성 지역에서 생산되는 쌀이 중국에서 품질이 제일 좋은 쌀이라고 한다. 이 평원 지하 1미터는 전부 암반이어서 낮에 쬔 햇볕 탓으로 암반이 데워져 밤늦게까지 따뜻하다고 한다. 그래서 남쪽에 비해 일조량이 적고 온도가 낮은데도 불구하고 벼 생육이 좋아서 쌀 품질도 좋다는 설명이 다. 발해 쌀 500그램이 50위안인 데 일반 쌀은 5위안이라고 하니 품질 차이가 대단한가 보다. 왠지 흐뭇하게 들리는 이야기다.

황궁을 답사하고 나오는데 어! 뻐꾹새가 다시 뻐꾹뻐꾹 운다. 환송 노래로 들린다. 먼 남국에서 왔으니 편히 가시라는 인사이리

상경용천부 표지석

라. 황궁 터 가까운 곳에 있는 발해 절 홍륭사(興隆寺)를 찾았다. 금나라와 청나라 시기에 보수한 발해 절이다. 석조 삼존불상이 발해 부처상이라고 한다. 깨끗이 청소하여 보존하고 있다. 절 마당에는 세계에서 가장 큰 우람한 석등이 서 있다. 높이가 8미터 정도이고 멋지다. 언젠가 어떤 도록에서 본 석등인데 발해 석등임을 오늘 알았다. 이 석등만으로도 발해가 대륙적 기질을 지닌 통 큰 사람들이 이룩한 나라임을 짐작하겠다.

상경성 전체 둘레가 16킬로미터인데 황궁 근처에 외성 흔적을 찾을 수가 없다. 근처 식당에서 점심을 먹고 버스를 탔다. 조금 가다 차를 세우는데 상경성 외성 문이 있던 자리다. 외성 실물 일부를 본 것이다. 토성 윗부분은 무너졌으나 성벽은 뚜렷이 남아 있고, 성 기단이 대략 30미터는 넘을 것 같다. 표지석과 안내판을 세워 놓았다. 황궁에서 이곳까지 거리가 상당하니 상경성 외성 규모가 대단함을 알 수 있다. 상경성이 평원에 건설한 장방형 성이고 둘레가 16킬로미터이므로 어마어마한 큰 성이었음이 분명하다.

역사에서 망하지 않은 나라가 있었던가! 상경성 외성 성문을 지나면서 생각해보니 나는 오늘 상경성에 옴으로써 발해 상경성, 내몽고자치구 파림좌기의 거란족 요나라 상경임황부, 하얼빈 아성의 금나라 상경회령부를 모두 답사했다. 발해, 요, 금에 왜 5경이 있었는지 알 듯도 하다. 광대한 영토를 효율적으로 통치하는 제도였을 것이다. 상경 규모만 보아도 발해, 요, 금 등 우리 형제 민족 북국(北國)은 대제국이었다.

상경용천부를 떠나 경박호로 향했다. 경박호 가는 길은 평원에서 산이 보이기 시작하고, 중간중간 산길이다. 외진 산골 고개에 오르니 앵가령 표지석이 있다. 조그마한 고개에 이런 표지석이 있는 경우는 드물다. 앵가령은 '앵무새 노래하는 고개'라는 뜻이

발해 흥룡사 석등

다. 서정적인 이름이지만 이 고개는 앵무새가 살 수 없는 지역이
다. 고개를 내려가니 경박호다. 호숫가 마을이 포근하다. 마을에
서는 호수 일부만 보인다. 말로만 듣던 경박호에 서니 실로 감개
무량하다. 우리 한글 원형이라고 할 수 있는 가림토문자로 경박
호 암벽에 새긴 글이 있다는 이야기가 전해 오는 곳이다. 아직 발
견되지 않았지만 언젠가 발견되면 위대한 인류 문화유산이 될 것
이다. 이 경박호 근처 어느 곳에서 1933년 3월 지청천 장군이 지
휘하는 독립군과 중국 길림구국군 연합부대가 일본군 1개 대대
를 궤멸한 장쾌한 전투가 있었다. 경박호를 마주하고 어찌 감회
가 없겠는가.

　경박호는 '거울처럼 맑고 잔잔한 호수'라는 뜻이다. 만주 지역
최고 관광지다. 안내 자료에 의하면 경박호폭포와 조수루폭포가
장관이라고 한다. 지나온 흥개호는 평원 저지대에 물이 모여 형성

경박호(출처: CRI Online)

앵가령 유적 앞 경박호

된 호수고, 경박호는 1만 년 전 화산 폭발로 생긴 호수다. 그래서 경박호 주변은 산이다. 제일 깊은 곳 수심이 60미터, 수면이 90제곱킬로미터나 된다. 우리 소양강의 수면은 60제곱킬로미터다. 호수 주변 여기저기에 절경이 숨어 있다고 한다. 물고기가 풍부한 것은 물론이다. 세월이 좋아지면 여름에 와서 며칠 쉬고 싶다. 필자가 경박호를 찍은 사진이 너무 평범해서 CRI Online이 찍어 인터넷에 띄운 사진을 복사하여 첨부한다. 사진이 환상적이다.

오늘 답사 목표인 앵가령 신석기 유적은 경박호에 면해 있다. 버스에서 내려 2킬로미터 정도 걸어야 한다. 앵가령 유적은 서기전 3800년까지 올라가는 신석기 유적이다. 이 유적에서 주거지 4곳과 재 구덩이(회갱, 灰坑)가 발견되었다. 출토된 유물은 석기와 토기 고기잡이 도구다. 토기에는 선으로 다양한 문양을 그렸고, 석기는 대부분 두드려 깬 타제석기다. 이 유적은 목단강 유역의 대표적인 후기 신석기 유적이다. 특히, 두만강 주변에서 출토된 유물과 유사하여 문화의 교류 방향을 알 수 있는 중요한 유적이라고 한다.

필자는 앵가령 유적지를 1킬로미터 정도 남기고 그늘에서 쉬었다. 길바닥이 너무 울퉁불퉁해서 혹시 탈이 날까 봐 걱정이 앞섰기 때문이다. 돌아온 일행은 앵가령 유적에서 연길로 향했다. 경박호 북서 길을 따라가는데 호수 주변에 마을이 다닥다닥 붙어 있다. 생활 폐수를 어떻게 처리하는지 알 수 없다. 경박호가 오염될까 봐 걱정된다. 최근 들어 경박호 수면이 자꾸 낮아져 걱정이라고 한다. 고속도로로 들어섰는데 경박호를 가로지르는 다리를 통과했다. 연길까지는 아마도 세 시간 이상 걸릴 것 같다.

마치며

멀리 앞을 내다보는 나무들에게

시간이 지나면 모든 것은 사라지기 마련이다. 아직도 수많은 역사의 흔적들이 흙더미 아래 겹겹이 파묻혀 다시 햇빛을 볼 날만을 손꼽아 기다리고 있을지도 모른다.

우리는 왜 사라진 것들을 기억하고자 애쓰는 것일까. 흔히 이야기하듯 뿌리를 찾기 위해서만은 아닐 것이다. 또한 단순히 진귀하고 멋진 구경거리여서, 자랑하고 싶어서, 또는 문화관광 자원으로 개발해 나라 살림에 기여하기 위해서만도 아닐 것이다.

인간이 다른 생명체와 다른 점 중 하나는 죽은 자를 묻어주고 기릴 줄 아는 것이라고 한다. 그리고 잃어버린 것을 기리고자 하는 마음은 비단 인간을 향한 것만은 아닐 것이다. 인간이 만들고 혼을 불어넣은 많은 것들에 대해서도 마찬가지다.

　세월의 풍파에 모습은 사라졌다 할지라도 우리는 선인의 정신이 깃든 흔적을 기억한다. 죽은 자를 묻어주고 기리는 것과 똑같이 그들이 살았던 곳도 기념한다.

　이처럼 유형, 무형의 과거를 기억하고 찾아내고자 하는 까닭은 단순히 과거를 추억하고 회고하기 위함이 아니라 미래를 위해서가 아닐까. 우리와 같은 모습으로 살아갈 미래의 그들을 위해서.

　한국 부여에는 자온대라는 바위가 있다. 백제의 왕이 왕흥사라는 절을 방문하기 전에 이 바위에 올라 부처님께 예를 올리면 바위가 저절로 따뜻해졌다고 해서 '자온대(自溫臺)'라 한다. 자온대에서 굽어보는 구드래 일대는 한눈에도 비옥하고 평화롭다. 이곳 자온대로부터 그 유명한 삼천 궁녀의 설화가 전해 내려오는 백마강과 나루터 일대를 구드래라고 하는데, 구드래라는 지명은 '구들애', 즉 구들이 있는 동네라는 뜻이라고 한다. 따뜻한 바위. 그리고 구들이 있는 동네. 오랜 세월이 지난 후 이곳을 지나는 여행자 역시 먼 옛날의 사연을 간직한 그 이름들 때문에 가슴이 따뜻해지지만 한편으로는 기억 저편으로 사라진 옛 나라의 영화, 그리고 쓸쓸한 마지막을 떠올리며 마음이 먹먹해지기도 한다.

　"옛부터 이곳은 모여 썩는 곳,

　　망하고, 대신 거름을 남기는 곳"

신동엽 시인은 「금강」에서 이렇게 노래했다.

나는 북행 여정을 마치고 신동엽 시인과 비슷한 생각과 심정에 잠겼다.

썩고 망한다는 말은 한 나라의 흥망이 덧없다는 단순한 뜻일까. 그럴 수도 있을 것이다. 이 세상에 살아 있는 모든 것은 언젠가는 죽고 썩는다. 국가도, 역사의 주인공들도 마찬가지이리라. 그런데 시인은 썩고 망하는 대신 거름을 남겼다고 말한다.

프랑스 시인 루이 아라공의 시구처럼 "인간만이 미래를 생각하고 자신의 그림자를 내려다보며 멀리 앞을 내다보는 한 그루의 나무"이기 때문이리라.

북행 北行 허성관의 인문역사기행, 요동에서 삼강평원까지

초판 1쇄 펴낸 날 2023년 12월 28일

지은이   허성관
발행인   양진호
책임편집   홍대욱
디자인   오필민
발행처   도서출판 인문서원

등 록   2013년 5월 21일(제2014-000039호)
주 소   (07207) 서울시 영등포구 양평로21가길 19, 우림라이온스밸리 B동 512호
전 화   (02) 338-5951~2
팩 스   (02) 338-5953
이메일   inmunbook@hanmail.net

ⓒ 허성관, 2023   ISBN 979-11-86542-78-1 (03910)